主编：王 彦

编著：王 彦　张 云　校 潇　朱瑞蕾

图书在版编目 (CIP) 数据

汉语速成 30 天 / 王彦主编. —北京：北京大学出版社，2019.9
ISBN 978-7-301-30628-4

Ⅰ.①汉… Ⅱ.①王… Ⅲ.①汉语—对外汉语教学—教材 Ⅳ.①H195.4

中国版本图书馆 CIP 数据核字 (2019) 第 168589 号

书　　　名	汉语速成 30 天 HANYU SUCHENG SANSHI TIAN
著作责任者	王　彦　主编
责任编辑	唐娟华
标准书号	ISBN 978-7-301-30628-4
出版发行	北京大学出版社
地　　　址	北京市海淀区成府路 205 号　100871
网　　　址	http://www.pup.cn　新浪微博：@北京大学出版社
电子信箱	zpup@pup.cn
电　　　话	邮购部 010-62752015　发行部 010-62750672　编辑部 010-62767349
印　刷　者	北京大学印刷厂
经　销　者	新华书店 787 毫米 × 1092 毫米　16 开本　12.75 印张　327 千字 2019 年 9 月第 1 版　2019 年 9 月第 1 次印刷
定　　　价	78.00 元

未经许可，不得以任何方式复制或抄袭本书之部分或全部内容。
版权所有，侵权必究
举报电话：010-62752024　电子信箱：fd@pup.pku.edu.cn
图书如有印装质量问题，请与出版部联系，电话：010-62756370

编写说明

本教材是专门为母语为非汉语的初级汉语学习者短期来华研修所研发的一本综合性汉语教材。编写者多年从事国际汉语教学工作,一线教学经验丰富,并具有丰富的教材编写经验。本教材于2008年初稿编写完成并在不断打磨修改的过程中使用至今,已经过十余年教学实践的检验,受到任课教师和各国学习者的喜爱。

一、编写特色

1. 针对性。本教材是专门为母语为非汉语的汉语初级水平学习者量身打造的一本短期集中强化教材,特别适用于为期四周的短期汉语进修班或其他短期汉语学习班。

2. 集成性。本教材以"融合、集成、创新"为编写理念,以"易学、好教"为编写目标,吸收当前新的教学理念、教学方法及教材编写研究的新成果,并不断收集教材使用者的反馈信息,注重语言知识与交际能力的统一、语言与文化的统一、控制与扩展的统一,在教材体例、练习设计等方面均有新颖之处。

3. 实用性。本教材在话题选择、内容编排上均注重实用性与有效性,练习设计上注重多样化、情景化,力求趣味性与交际性并存。

二、编写体例及使用说明

本教材除了语音部分,共16课,建议使用者每课用4～5课时,每周15～20课时,四周学完。

语音部分独立成篇，可根据教学对象的水平及具体教学需求增减教学量。

全书除了语音部分，每课分为生词、重点句子、课文、综合练习、常用表达五部分。

生词参考《汉语水平词汇与汉字等级大纲》（修订本），并在《新汉语水平考试大纲》HSK一级至三级中选取基础常用词，也有部分常用新词语。每课生词量大部分控制在20个以下。

重点句子收录了课文里出现的重要句式句型，以提示任课教师教学重点以及帮助学习者总结学习。

课文参考《高等学校外国留学生汉语教学大纲·短期强化》交际任务项目列表和《国际汉语教学通用课程大纲》中的话题及教学内容建议表，结合实际生活需要进行编写，遵循真实、自然的原则，注重地道语言与调整语言的平衡，情景性强，实用性强，难易适中。

综合练习注重层次性，其形式多样，包括机械性练习、交际性练习、任务型练习等。我们力图运用大量图片提供情景，使学习者在巩固所学的语言结构的基础上，完成成段表达、情景对话和实际任务，真正做到"会用"，并逐步具备实际交际能力。其中，语音训练部分"读一读，比一比"针对本课的发音难点进行集中练习；"写一写"练习提供5～7个具有较强构词能力的基础汉字，降低写汉字的难度，可供无明确汉字学习要求的学习者选用，让他们体验书写汉字的乐趣。同时，综合练习中的生词（课文中未出现的）大部分随文标注拼音及翻译（有的生词通过图片呈现，或可通过前后文理解，不加拼音及翻译），供扩展练习使用。

常用表达收录了一些课文里没有出现而日常生活中经常使用的、跟课文主题内容相关的表达形式，以帮助学习者解决一些日常需要。

最后，感谢山东大学国际教育学院领导的大力支持，感谢同事们对本教材提出的宝贵意见，感谢北京大学出版社愿意把这本小书推介出来。其中错漏之处定是难免，期待使用这本教材的老师同学予以批评指正。

王 彦

目 录
CONTENT

汉语语音   1

第 一 课   认识你很高兴   9
第 二 课   你住在哪儿   18
第 三 课   我们加一下儿微信吧   28
第 四 课   我请客   38
第 五 课   有白色的吗   49
第 六 课   晚上有空儿吗   62
第 七 课   我最喜欢睡觉   72
第 八 课   汉语课最有意思   83
第 九 课   我家有八口人   93
第 十 课   打车去很方便   104
第十一课   今天真热啊   116
第十二课   你哪里不舒服   126
第十三课   你习惯中国的生活了吗   137
第十四课   你有什么打算   148
第十五课   明天几点出发   160
第十六课   中国的生活真是挺有意思的   172

词汇总表   185

汉语语音
Chinese Phonetics

┃汉语拼音有 21 个辅音声母┃

b	p	m	f
d	t	n	l
g	k	h	
j	q	x	
z	c	s	
zh	ch	sh	r

┃汉语拼音有 39 个韵母┃

-i [ɿ] -i [ʅ]	i	u	ü
a	ia	ua	
o		uo	
e			
ê	ie		üe
er			
ai		uai	
ei		uei (ui)	
ao	iao		
ou	iou (iu)		
an	ian	uan	üan
en	in	uen (un)	ün
ang	iang	uang	
eng	ing	ueng	
ong	iong		

4个基本声调

第一声：ā → 55 阴平　　　第二声：á → 35 阳平
第三声：ǎ → 214 上声　　　第四声：à → 51 去声

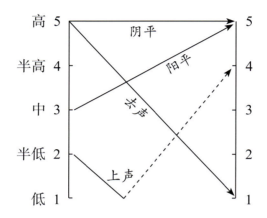

这四个声调在一定情况下还可以读轻声。

语音练习（一）

a	o	e	i	u	ia	ua	uo
b	p	m	f	d	t	n	l

	a	o	e	i	u	ia	ua	uo
b	ba	bo		bi	bu			

（续表）

	a	o	e	i	u	ia	ua	uo
p	pa	po		pi	pu			
m	ma	mo	me	mi	mu			
f	fa	fo			fu			
d	da		de	di	du			duo
t	ta		te	ti	tu			tuo
n	na		ne	ni	nu			nuo
l	la		le	li	lu	lia		luo

一、声韵练习

bā—pā—mā—fā   bō—pō—mō—fō   dā—tā—nā—lā   dē—tē—nē—lē

bā—pā   bī—pī   bū—pū   bō—pō

bā—pā—fā   bū—pū—fū   bō—pō—fō

dā—tā   dī—tī   dū—tū   dē—tē

mà—nà—là   mǐ—nǐ—lǐ   mù—nù—lù

二、声调练习

ē—è—ě—é   yī—yì—yǐ—yí   wū—wù—wǔ—wú

yā—yà—yǎ—yá   wā—wà—wǎ—wá   wō—wó—wǒ—wò

lā—là   dī—dì   pū—pù   lē—lè

bā—bá   dī—dí   fū—fú   pō—pó

mā—mǎ   nī—nǐ   tū—tǔ   bō—bǒ

bǐ—bì   nǎ—nà   nǎ—ná   là—lá

语音练习（二）

	ü	ie	üe	ai	uai	ei	uei	ao	iao	ou	iou
g				gai	guai	gei	gui	gao		gou	
k				kai	kuai	kei	kui	kao		kou	
h				hai	huai	hei	hui	hao		hou	
j	ju	jie	jue						jiao		jiu
q	qu	qie	que						qiao		qiu
x	xu	xie	xue						xiao		xiu

一、声韵练习

gāi—kāi—hāi   kēi—hēi   guài—kuài—huài

gāo—kāo   gōu—kōu   guī—kuī   huì—huài

jū—qū—xū   jiē—qiē—xiē   jué—qué—xué

yōu—yòu   jiè—qiè   juē—quē   jiāo—qiāo

xié—xué   gāo—gōu   hào—hòu   xiāo—xiū

二、声调练习

yū—yú—yǔ—yù   yē—yé—yě—yè   yuē—yuè

āi—ài—ǎi   wāi—wài—wǎi   wēi—wéi—wěi—wèi

yāo—yào—yǎo—yáo   yōu—yòu—yǒu—yóu

gài—gāi   huì—huī   jiù—jiū   kōu—kǒu

xù—xú   jiè—jié   què—qué   jiù—qiú

gài—gǎi   kào—kǎo   hòu—hǒu   yòu—yǒu

语音练习(三)

	-i	an	ian	uan	üan	en	in	un	ün
	-i [1]	an	ian	uan	üan	en	in	un	ün
z	zi	zan		zuan		zen		zun	
c	ci	can		cuan		cen		cun	
s	si	san		suan		sen		sun	
j			jian		juan		jin		jun
q			qian		quan		qin		qun
x			xian		xuan		xin		xun

一、声韵练习

zī—cī—sī   zān—cān—sān   zuàn—cuàn—suàn

zēn—cēn—sēn   jīn—qīn—xīn   zūn—cūn—sūn   jūn—qūn—xūn

zì—cì   zǎn—cǎn   zuān—cuān   sān—suān   sēn—sūn

zī—jī   cī—qī   sī—xī   cū—qū   sū—xū

ān—yān—wān—yuān   ēn—yīn—wēn—yūn

zàn—jiàn   cuān—quān   sēn—xīn   zěn—jūn

二、声调练习

yān—yàn—yǎn—yán   yuān—yuàn—yuǎn—yuán

yīn—yìn—yǐn—yín   wēn—wén—wěn—wèn

sǐ—sī   cǎn—cān   yǎn—yān   wǎn—wān

cǐ—cí   qiǎn—qián   xuǎn—xuán   yuǎn—yuán

zǐ—zì   jǐn—jìn   qiǎn—qiàn   yǎn—yàn   wěn—wèn

语音练习（四）

	-i	ang	iang	uang	eng	ing	ueng	ong	iong
	-i [ɿ]	ang	iang	uang	eng	ing	ueng	ong	iong
zh	zhi	zhang		zhuang	zheng			zhong	
ch	chi	chang		chuang	cheng			chong	
sh	shi	shang		shuang	sheng				
r	ri	rang			reng			rong	
j			jiang			jing			jiong
q			qiang			qing			qiong
x			xiang			xing			xiong

Vocabulary box:
-i　　ang　　iang　　uang　　eng　　ing　　ueng
ong　　iong　　zh　　ch　　sh　　r

一、声韵练习

zhī—chī—shī—rī　　　　　　zhàng—chàng—shàng—ràng
zhuāng—chuāng—shuāng
zhēng—chēng—shēng—rēng　　jīng—qīng—xīng
zhī—chī　　　　zhū—chū　　　zhuàng—chuàng　　zhōng—chōng
zhī—jī　　chī—qī　　shī—xī　　chù—qù　　　shù—xù
shì—rì　　shù—rù　　shè—rè　　shān—rán　　shàng—ràng
zhǒng—jiǒng　　chóng—qióng　　shēng—xīng　　qīn—qíng
āng—yāng—wāng　　ēng—yīng—wēng　róng—xióng
zhān—zhāng　　　jiān—jiāng　　　chén—chéng

二、声调练习

zhāng—cháng—shàng—rǎng yāng—yàng—yǎng—yáng
xiāng—xiáng—xiǎng—xiàng yōng—yóng—yǒng—yòng
zhí—zhī   chí—chī   yáng—yāng   réng—rēng
shú—shǔ   cháng—chǎng   qiáng—qiǎng   yíng—yǐng
shí—shì   wáng—wàng   chéng—chóng   xióng—yòng

常用表达 Common Expressions

Shàng kè le.
1. 上 课了。 Class is beginning.

Qǐng dǎkāi shū.
2. 请 打开书。 Open your book.

Qǐng kàn dì-yī yè.
3. 请 看第一页。 Please turn to page 1.

Dú shēngcí.
4. 读 生词。 Read the new words.

Qǐng gēn wǒ dú.
5. 请 跟 我读。 Read after me.

Zài dú yí biàn.
6. 再读一遍。 Read it again.

　　　　　Wǒmen　zuò　liànxí.
7. 我们　做　练习。　　　　We do the exercises.

　　　　　Xià　kè.
8. 下　课。　　　　　　　　Class is over.

　　　　　Zàijiàn.
9. 再见。　　　　　　　　　Goodbye.

第一课　认识你很高兴
Lesson 1　Nice to meet you

本课目标 Objectives

1. 学习问候的简单表达法。
2. 学习介绍自己或者别人的基本信息。
3. 学习询问别人的基本信息。

热身 Warming-up

1. 你认识下面的国旗吗？请连线。

- 韩国 Hánguó

- 美国 Měiguó

- 加拿大 Jiānádà

- 中国 Zhōngguó

- 英国 Yīngguó

- 德国 Déguó

2. 请画出自己国家的国旗，并说说自己国家的中文名称。

生 词 New words

1.	认识	v.	rènshi	to know
2.	你	pron.	nǐ	you
3.	很	adv.	hěn	very
4.	高兴	adj.	gāoxìng	glad
5.	好	adj.	hǎo	nice, good
6.	叫	v.	jiào	to call
7.	什么	pron.	shénme	what
8.	名字	n.	míngzi	name
9.	我	pron.	wǒ	I, me
10.	是	v.	shì	to be
11.	哪	pron.	nǎ	which
12.	国	n.	guó	country
13.	人	n.	rén	person
14.	呢	part.	ne	*modal particle*
15.	也	adv.	yě	also
16.	不	adv.	bù	no, not

第一课　认识你很高兴
Lesson 1　Nice to meet you

专名　Proper Nouns

1. 艾琳　　　　Àilín　　　　Irene (*name of a person*)
2. 路易　　　　Lùyì　　　　Louis (*name of a person*)
3. 德国　　　　Déguó　　　　Germany
4. 英国　　　　Yīngguó　　　Britain

重点句子 Important Sentences

1. Nǐ hǎo!
   你好!
   Hello!

2. Nǐ jiào shénme míngzi?
   你叫什么名字?
   What is your name?

3. Wǒ jiào Àilín.
   我叫艾琳。
   My name is Irene.

4. Rènshi nǐ hěn gāoxìng.
   认识你很高兴。
   Nice to meet you.

5. Nǐ shì nǎ guó rén?
   你是哪国人?
   Which country are you from?

6. Wǒ shì Déguórén. Nǐ ne?
   我是德国人。你呢?
   I am German. And you?

课　文　Text

（在教室里 In the classroom）

艾　琳：你好！
Àilín：Nǐ hǎo!

路　易：你好！我叫路易，你叫什么名字？
Lùyì：Nǐ hǎo! Wǒ jiào Lùyì, nǐ jiào shénme míngzi?

艾　琳：我叫艾琳。认识你很高兴。
Àilín：Wǒ jiào Àilín. Rènshi nǐ hěn gāoxìng.

路　易：我也很高兴。你是哪国人？
Lùyì：Wǒ yě hěn gāoxìng. Nǐ shì nǎ guó rén?

艾　琳：我是德国人，你呢？
Àilín：Wǒ shì Déguórén, nǐ ne?

路　易：我不是德国人，我是英国人。
Lùyì：Wǒ bú shì Déguórén, wǒ shì Yīngguórén.

第一课　认识你很高兴
Lesson 1　Nice to meet you

综合练习 Comprehensive Exercises

一、读一读，比一比　Read and compare

1. nǐmen　　　nǐ hǎo　　　2. lǎoshī　　　rènshi
3. gāoxìng　　hǎotīng　　　4. shénme　　　xuéshēng
5. hěn gāo　　hěn hǎo　　　6. Yīngguó　　　jīnhòu

二、语句扩展练习　Substitution drills

1. <u>你</u>好！

（1）

nín
您

（2）

nǐmen
你们

（3）

lǎoshī
老师

2. <u>你</u>是哪国人？

（1）

tā
他

（2）

tā
她

（3）

tāmen
他们

13

3. 我是中国人，你呢？

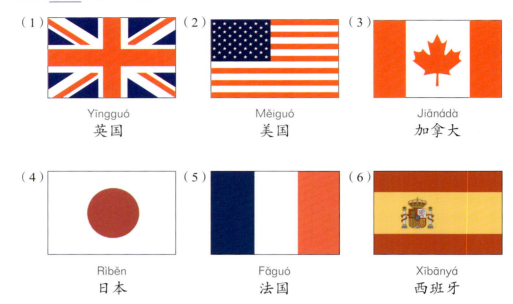

三、连词成句　Make sentences with the given words

1. 什么　你　名字　叫

   _____

2. 认识　高兴　很　你

   _____

3. 中国人　我　呢　是　你

   _____

4. 不　老师（lǎoshī, teacher）　是　中国人

   _____

第一课　认识你很高兴
Lesson 1　Nice to meet you

四、根据图片与提示进行对话练习　Make a dialogue according to the given words and picture

Nǐ hǎo!
你好!

Wǒ jiào ……, nǐ ne?
我叫……，你呢?

Rènshi nǐ hěn gāoxìng.
认识你很高兴。

Nǐ shì …… rén?
你是……人?

Wǒ shì …… rén.
我是……人。

五、模仿下面这段话，进行成段表达　Make an expression by following the passage

我叫路易，是英国人。她叫艾琳，是德国人。我们都是留学生（liúxuéshēng, foreign student）。我们的老师姓（xìng）王（Wáng）。

六、说一说　Give a talk

1. 请介绍（jièshào, to introduce）自己（zìjǐ, oneself）的名字和国家（guójiā, country）。

2. 请介绍新（xīn, new）朋友（péngyou, friend）的名字和国家。

七、课后活动　After-class activities

今天下课以后,请认识一位新朋友。Please make a new friend after class today.

1. 跟新朋友打招呼。Say "hi" to your new friend.

2. 介绍新朋友的基本信息(姓名、国家等)。 Please introduce the basic information of your new friend (name, country etc.).

八、写一写　Write the following characters

请把下面的字写在田字格里,看谁写得最漂亮(piàoliang, beautiful)。

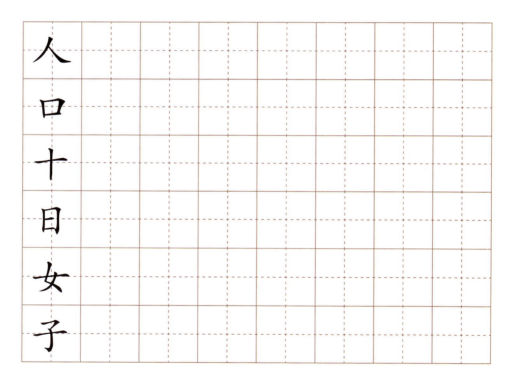

第一课　认识你很高兴
Lesson 1　Nice to meet you

常用表达 Common Expressions

1. *Zàijiàn!*
   再见！
   Goodbye!

2. *Xièxie!*
   谢谢！
   Thank you!

3. *Bú kèqi!*
   不客气！
   You are welcome!

4. *Duìbuqǐ!*
   对不起！
   Sorry!

5. *Méi guānxi!*
   没关系！
   It doesn't matter!

6. *Nǐ duō dà le?*
   你多大了？
   How old are you?

7. *Wǒ de zhuānyè shì Hànyǔ.*
   我的专业是汉语。
   My major is Chinese.

第二课　你住在哪儿
Lesson 2　Where do you live

本课目标 Objectives

1. 学习如何读数字。
2. 学习介绍住所的表达法。
3. 学习方向的基本表达。

热身 Warming-up

1. 下面的图片你知道用汉语怎么说吗？请连线。

- 图书馆（túshūguǎn, library）

- 银行（yínháng, bank）

- 宿舍（sùshè, dormitory）

- 食堂（shítáng, canteen）

- 邮局（yóujú, post office）

第二课　你住在哪儿
Lesson 2　Where do you live

2. 请大声朗读下面的数字

0	1	2	3	4	5	6	7	8	9	10
零	一	二	三	四	五	六	七	八	九	十
líng	yī	èr	sān	sì	wǔ	liù	qī	bā	jiǔ	shí

生　词 New words

1.	住	v.	zhù	to live
2.	在	prep.	zài	to be, in, at
3.	哪儿	pron.	nǎr	where
4.	留学生	n.	liúxuéshēng	foreign student
5.	宿舍	n.	sùshè	dormitory
6.	几	pron.	jǐ	how many
7.	号	n./ m.	hào	number; *indicating the order of sequence*
8.	楼	n.	lóu	building
9.	个	m.	gè	*used before nouns without a specific classifier of their own*
10.	房间	n.	fángjiān	room
11.	层	m.	céng	floor
12.	食堂	n.	shítáng	canteen, cafeteria
13.	的	part.	de	*used after an attributive*
14.	西边	n.	xībian	west

专名　Proper Noun

李南	Lǐ Nán	*name of a person*

重点句子 Important Sentences

1. Nǐ zhù zài nǎr?
   你住在哪儿?
   Where do you live?

2. Wǒ zhù zài liúxuéshēng sùshè.
   我住在留学生宿舍。
   I live in the foreign students' dormitory.

3. Jǐ hào lóu?
   几号楼?
   Which building?

4. Nǎge fángjiān?
   哪个房间?
   Which room?

5. Bā hào lóu zài nǎr?
   8号楼在哪儿?
   Where is the No.8 building?

课文 Text

(在图书馆 In the library)

李 南: 艾琳, 你住在哪儿?
Lǐ Nán: Àilín, nǐ zhù zài nǎr?

第二课　你住在哪儿
Lesson 2　Where do you live

艾　琳：我　住在　留学生　宿舍。
Àilín：Wǒ zhù zài liúxuéshēng sùshè.

李　南：几号楼？哪个　房间？
Lǐ Nán：Jǐ hào lóu? Nǎge fángjiān?

艾　琳：1号楼 1 2 6 0　房间，在2层。你呢？
Àilín：Yī hào lóu yāo èr liù líng fángjiān, zài èr céng. Nǐ ne?

李　南：我　住在8号楼　6 1 0　宿舍。
Lǐ Nán：Wǒ zhù zài bā hào lóu liù yāo líng sùshè.

艾　琳：8号楼　在哪儿？
Àilín：Bā hào lóu zài nǎr?

李　南：在　食堂　的　西边。
Lǐ Nán：Zài shítáng de xībian.

综合练习　Comprehensive Exercises

一、读一读，比一比　Read and compare

1. zhù zài　　chī cài　　　　2. shítáng　　xīfāng
3. fángjiān　　pángbiān　　　4. yóujì　　　yóujú
5. shǒujī　　shǒuxù　　　　6. sùshè　　　chūzūchē

二、语句扩展练习　Substitution drills

1. 你住在<u>几号楼</u>?

（1）

jǐ dānyuán
几单元

（2）

jǐ hào fángjiān
几号房间

（3）

jǐ céng
几层

2. 我住在<u>三层 205 号房间</u>。

（1）

yī hào lóu sān dānyuán
1 号楼 3 单元

（2）

xuéxiào wàibian
学校外边

第二课　你住在哪儿
Lesson 2　Where do you live

（3）

liúxuéshēng sùshè
留学生宿舍

（4）

èr líng liù fángjiān
206 房间

3. <u>你的宿舍</u>在哪儿？

（1）

jiàoshì
教室

（2）

bā hào lóu
8 号楼

（3）

túshūguǎn
图书馆

（4）

yínyáng
银行

三、连词成句　Make sentences with the given words

1. 哪儿　在　她　住

   _____

2. 住　我　附近　学校　在

   _____

3. 在　旁边　的　银行　邮局

   _____

四、根据图片与提示进行对话练习　Make a dialogue according to the given words and pictures

你住在哪儿？　　你住在几号楼？　　你住在几号房间？
我住在……。　　你呢？　　　　　　我也住在……。

jǐ hào lóu
几号楼

jǐ hào fángjiān
几号房间

第二课　你住在哪儿
Lesson 2　Where do you live

五、模仿下面这段话，进行成段表达　Make an expression by following the passage

艾琳住在留学生宿舍1号楼1260房间，在2层。李南住在8号楼610宿舍。8号楼在食堂的西边。

六、说一说　Give a talk

1. 请根据下面的图片介绍学校周围（zhōuwéi, around）有什么。

bīnguǎn
宾馆

chāoshì
超市

xuéxiào
学校

fànguǎnr
饭馆儿

yīyuàn
医院

2. 请向朋友介绍自己现在的住处。(……号楼 ……单元 ……号房间)

3. 请向朋友介绍自己家的周围有什么。

七、课后活动　After-class activities

下课以后，请去学校周围转一转，并完成以下活动。Please walk around your university after class, and complete the following activities.

1. 拍下你看到的处所。Take pictures of the places you see.
2. 介绍学校周围有什么。Introduce what is around your school.

八、写一写　Write the following characters

请把下面的字写在田字格里，看谁写得最漂亮。

白								
几								
木								
门								
元								
寸								
边								

第二课 你住在哪儿
Lesson 2　Where do you live

常用表达　Common Expressions

汉语数字的读法
How to read the Chinese numbers

0	1	2	3	4	5	6	7	8	9	10
零	一	二	三	四	五	六	七	八	九	十
líng	yī	èr	sān	sì	wǔ	liù	qī	bā	jiǔ	shí

11	12	13	14	15	16	17	18	19	20
十一	十二	十三	十四	十五	十六	十七	十八	十九	二十
shíyī	shí'èr	shísān	shísì	shíwǔ	shíliù	shíqī	shíbā	shíjiǔ	èrshí

21	29	30	40	50	90	99	100
二十一	二十九	三十	四十	五十	九十	九十九	一百
èrshíyī	èrshíjiǔ	sānshí	sìshí	wǔshí	jiǔshí	jiǔshíjiǔ	yìbǎi

第三课　我们加一下儿微信吧
Lesson 3　Shall we add the WeChat ID

本课目标 Objectives

1. 学习联络方式的表达法。
2. 学习如何询问联络方式。
3. 学习询问别人的意见。

热身 Warming-up

1. 请大声朗读下面名片中的电话号码。

2. 请说说自己的电话号码。

第三课　我们加一下儿微信吧
Lesson 3　Shall we add the WeChat ID

生　词 New words

1.	加	v.	jiā	to add
2.	一下儿	q.	yíxiàr	indicating an action of short duration or that done in a casual way
3.	微信	n.	wēixìn	WeChat
4.	明天	n.	míngtiān	tomorrow
5.	下午	n.	xiàwǔ	afternoon
6.	有	v.	yǒu	to have
7.	课	n.	kè	class
8.	咱们	pron.	zánmen	we
9.	去	v.	qù	to go
10.	超市	n.	chāoshì	supermarket
11.	东西	n.	dōngxi	thing (s)
12.	点	m.	diǎn	o'clock
13.	怎么样	pron.	zěnmeyàng	how about
14.	没	v.	méi	not, have not
15.	太	adv.	tài	too, very
16.	了	part.	le	modal particle
17.	手机	n.	shǒujī	cellphone
18.	号码	n.	hàomǎ	number
19.	多少	pron.	duōshao	how many, how much
20.	扫	v.	sǎo	to scan
21.	联系	v.	liánxì	to contact

重点句子 Important Sentences

1. Míngtiān xiàwǔ nǐ yǒu kè ma?
   明天 下午 你有课吗?
   Do you have any class tomorrow afternoon?

2. Zánmen qù chāoshì mǎi dōngxi ba.
   咱们 去 超市买 东西 吧。
   Let's go to the supermarket to buy something.

3. Wǒmen jiā yíxiàr wēixìn ba.
   我们 加一下儿 微信 吧。
   Shall we add the WeChat ID?

4. Sì diǎn zěnmeyàng?
   四点 怎么样?
   How about four o'clock?

课文 Text

（在教室外面 Outside the classroom）

李 南： 路易，明天 下午 你 有 课 吗?
Lǐ Nán: Lùyì, míngtiān xiàwǔ nǐ yǒu kè ma?

路 易： 没有。
Lùyì: Méiyǒu.

第三课　我们加一下儿微信吧
Lesson 3　*Shall we add the WeChat ID*

李　南：　我也没课，咱们去超市买东西吧。
Lǐ Nán:　Wǒ yě méi kè, zánmen qù chāoshì mǎi dōngxi ba.

路　易：　太好了！你的手机号码是多少？
Lùyì:　Tài hǎo le! Nǐ de shǒujī hàomǎ shì duōshao?

李　南：　我的手机号码是13573165660，
Lǐ Nán:　Wǒ de shǒujī hàomǎ shì yāo sān wǔ qī sān yāo liù wǔ liù liù líng,

也是我的微信号。你有微信吗？
yě shì wǒ de wēixìnhào. Nǐ yǒu wēixìn ma?

路　易：　有，我们加一下儿微信吧，你扫我。
Lùyì:　Yǒu, wǒmen jiā yíxiàr wēixìn ba, nǐ sǎo wǒ.

李　南：　好的。
Lǐ Nán:　Hǎo de.

路　易：　咱们几点见？
Lùyì:　Zánmen jǐ diǎn jiàn?

李　南：　四点怎么样？
Lǐ Nán:　Sì diǎn zěnmeyàng?

路　易：　好，咱们微信联系！
Lùyì:　Hǎo, zánmen wēixìn liánxì!

综合练习 Comprehensive Exercises

一、读一读，比一比　Read and compare

1. hǎo ma　　hàomǎ　　　　2. wēixìn　　yóuxì
3. liánxì　　liànxí　　　　4. fángjiān　　pángbiān
5. hǎowánr　　xiǎohái r　　6. fànguǎnr　　pínggàir

二、语句扩展练习　Substitution drills

1. 咱们去<u>超市</u>吧。

（1）

wǒ de sùshè
我的宿舍

（2）

gōngyuán
公园（park）

（3）

jiǔbā
酒吧（bar）

（4）

wàimiàn
外面（outside）

第三课　我们加一下儿微信吧
Lesson 3　Shall we add the WeChat ID

2. 你的微信号（码）是多少？

（1）

diànhuà
电话

（2）

shǒujī
手机

（3）

fángjiān
房间

（4）

ménpái
门牌

3. 我的电话号码是62787342。

（1）

shǒujī hàomǎ
手机号码 13632763569

（2）

fángjiānhào
房间号 2201

（3）

ménpáihào
门牌号 156

4. 咱们微信联系。

（1）

shǒujī
手机

（2）

diànhuà
电话

（3）

yóujiàn
邮件

（4）

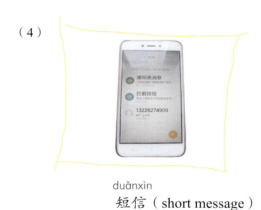

duǎnxìn
短信（short message）

三、连词成句　Make sentences with the given words

1. 微信　加　我们　吧　一下儿

_____

2. 他　电话　的　号码　多少　是

_____

3. 我的　也　是　微信号　我的　号码　手机

_____

第三课　我们加一下儿微信吧
Lesson 3　Shall we add the WeChat ID

4. 见　明天　八点　怎么样　上午

_____

四、根据图片与提示进行对话练习　Make a dialogue according to the given words and pictures

你的房间的电话号码是……？
我房间的电话号码是……。
你的护照（hùzhào, passport）号码……？
我的护照号码……。
你的手机号码……？
我的手机号码……。

五、模仿下面这段话，进行成段表达　Make an expression by following the passage

李南明天下午没有课，路易也没有课，他们想去超市买东西。李南的手机号码是13573165660，路易加了他的微信。他们明天下午四点见。

六、说一说　Give a talk

1. 同学之间互相询问和介绍自己的电话号码/手机号码。
2. 邀请同学去外面玩儿。

七、小游戏　Games

把班内同学分组，每组4～5人，老师把一个电话号码小声告诉每组的第一位同学，依次小声传递，传递结束后，请每组的最后一位同学把电话号码说出来，比一比哪组传递得最快最准确。

Divide the students into groups, four or five persons each group, the teacher whispers the telephone number to the first student of each group , and then the students whisper one by one. At last, please tell us the telephone number by the last student of each group. Compare which group is the fastest and most accurate.

八、课后活动　After-class activities

下课以后，请在校园里认识2～3位中国新朋友，询问他/她的住所和电话号码。上课的时候，向老师和同学介绍新朋友的信息。

Please make two or three Chinese friends in the campus after class, ask his / her address and telephone number. Please introduce your new friends to your teacher and classmates when you go back to the class.

九、写一写　Write the following characters

请把下面的字写在田字格里，看谁写得最漂亮。

第三课 我们加一下儿微信吧
Lesson 3 Shall we add the WeChat ID

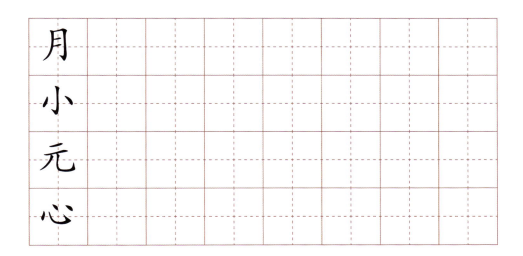

常用表达 Common Expressions

1. Shǒujī méi diàn le.
   手机没电了。
   My cellphone is out of power.

2. Zhège hàomǎ shì kōnghào.
   这个号码是空号。
   This number does not exist.

3. Nǐ yǒu tā de diànhuà hàomǎ ma?
   你有他的电话号码吗?
   Do you have his telephone number?

4. Duìbuqǐ, wǒ dǎcuò diànhuà le!
   对不起,我打错电话了!
   I'm sorry, I dialed the wrong number.

5. Yǒu shì qǐng gěi wǒ fā wēixìn.
   有事请给我发微信。
   Please send me a WeChat message if you have any questions.

6. Xiànzài fāngbiàn jiē diànhuà ma?
   现在方便接电话吗?
   Is it convenient for you to answer the phone right now?

第四课　我请客
Lesson 4　It's my treat

本课目标 Objectives

1. 学习在饭店点菜的常用语句。
2. 学习描述自己口味儿的简单表达。
3. 学习常见的中国菜名称。

热身 Warming-up

1. 你吃过下面的中国菜吗？请连线。

- 麻婆豆腐 mápó dòufu

- 京酱肉丝 jīngjiàng ròusī

- 糖醋里脊 tángcù lǐji

- 西红柿炒鸡蛋 xīhóngshì chǎo jīdàn

- 酸辣土豆丝 suānlà tǔdòusī

2. 说说你喜欢吃的中国菜。

第四课 我请客
Lesson 4 It's my treat

生　　词 New words

1. 请客		qǐng kè	to treat somebody
2. 喜欢	v.	xǐhuan	to like
3. 吃	v.	chī	to eat
4. 辣	adj.	là	spicy
5. 吗	part.	ma	used at the end of a question
6. 点	v.	diǎn	to order dishes
7. 吧	part.	ba	used at the end of a sentence, implying soliciting sb.'s advice, suggestion, request or mild commend
8. 再	adv.	zài	again
9. 甜	adj.	tián	sweet
10. 服务员	n.	fúwùyuán	waiter, waitress
11. 要	v.	yào	to want
12. 碗	n.	wǎn	bowl
13. 米饭	n.	mǐfàn	rice
14. 喝	v.	hē	to drink
15. 茶	n.	chá	tea

菜名 Dish Names

1. 麻婆豆腐	mápó dòufu	mapo tofu
2. 糖醋里脊	tángcù lǐji	sweet and sour pork
3. 辣子鸡丁	làzi jīdīng	spicy chicken with pepper

重点句子 Important Sentences

1. Wǒ qǐng kè.
   我 请 客。
   It's my treat.

2. Tài hǎo le!
   太 好 了!
   Great!

3. Nǐ xǐhuan chī là de ma?
   你喜欢 吃辣的吗?
   Do you like spicy food?

4. Wǒmen diǎn ge mápó dòufu ba?
   我们 点个麻婆豆腐 吧?
   Let's order mapo tofu?

5. Zài diǎn ge tángcù lǐji, zěnmeyàng?
   再点 个 糖醋里脊, 怎么样?
   What about ordering a sweet and sour pork?

6. Diǎn làzi jīdīng, hǎo ma?
   点 辣子 鸡丁, 好 吗?
   Let's order spicy chicken with pepper, shall we?

第四课 我请客
Lesson 4 It's my treat

课 文 Text

（在饭店 In the restaurant）

路 易： 艾琳，你 点 菜 吧，我 请客。
Lùyì: Àilín, nǐ diǎn cài ba, wǒ qǐng kè.

艾 琳： 太 好 了！你 喜欢 吃 辣 的 吗？
Àilín: Tài hǎo le! Nǐ xǐhuan chī là de ma?

路 易： 喜欢。
Lùyì: Xǐhuan.

艾 琳： 我们 点 个 麻婆豆腐 吧？
Àilín: Wǒmen diǎn ge mápó dòufu ba?

路 易： 好，再 点 个 糖醋里脊，怎么样？
Lùyì: Hǎo, zài diǎn ge tángcù lǐji, zěnmeyàng?

艾 琳： 我 不 喜欢 吃 甜 的，点 辣子鸡丁，好 吗？
Àilín: Wǒ bù xǐhuan chī tián de, diǎn làzi jīdīng, hǎo ma?

路 易： 好。服务员，我们 要 一 个
Lùyì: Hǎo. Fúwùyuán, wǒmen yào yí ge

麻婆豆腐、一个辣子 鸡丁。
mápó dòufu、yí ge làzi jīdīng.

艾 琳： 再要 两 碗 米饭。
Àilín: Zài yào liǎng wǎn mǐfàn.

服务员： 好 的，你们 喝 什么 茶？
Fúwùyuán: Hǎo de, nǐmen hē shénme chá?

艾 琳： 我们 不 喝 茶。
Àilín: Wǒmen bù hē chá.

综合练习 Comprehensive Exercises

一、读一读，比一比 Read and compare

1. diǎn cài   diànshì
2. xǐhuan   shǐhuan
3. qǐng kè   qīnhé
4. júhuār   zhǔshí
5. shí lóu   jīròu
6. hē chá   mócā

二、语句扩展练习 Substitution drills

1. 你喜欢<u>吃辣的</u>吗？

（1）

chī kǔ   de
吃苦（bitter）的

（2）

chī tián   de
吃甜（sweet）的

（3）

hē bīng   de
喝冰（icy）的

（4）

chī qīngdàn   de
吃清淡（light taste）的

（5）

chī suān   de
吃酸（sour）的

（6）

hē rè   de
喝热（hot）的

第四课 我请客
Lesson 4 It's my treat

2. 我们点个<u>京酱肉丝</u>吧？

（1）

mápó dòufu
麻婆豆腐

（2）

làzi jīdīng
辣子鸡丁

（3）

qīngchǎo xīlánhuār
清炒 西兰花儿

（4）

Běijīng kǎoyā
北京 烤鸭

3. 再<u>点</u>个<u>酸辣土豆丝</u>，怎么样？

（1）

diǎn tángcù lǐji
点   糖醋里脊

（2）

lái   xīhóngshì chǎo jīdàn
来   西红柿 炒鸡蛋

（3）

yào　xiǎochǎoròu
要　　小炒肉

（4）

diǎn　chūnjuǎn
点　　春卷

4. 你们喝什么茶？

（1）

diǎn　cài
点　　菜

（2）

yào　kāfēi
要　　咖啡

（3）

hē　yǐnliào
喝　饮料（drinks）

（4）

hē　guǒzhī
喝　果汁（juice）

第四课　我请客
Lesson 4　It's my treat

三、连词成句　Make sentences with the given words

1. 吗　听（tīng, to listen to）　你　喜欢　音乐（yīnyuè, music）

   _____

2. 不　电视（diànshì, television）　看　喜欢　他

   _____

3. 什么　喝　饮料　你们

   _____

4. 图书馆　去　怎么样

   _____

四、根据图片与提示进行对话练习　Make a dialogue according to the given words and pictures

服务员，点菜。来个……。
这个菜是……的吗?
你喜欢……吗?
再要个……。
请问，您吃／喝什么?
我吃／喝……。

五、模仿下面这段话,进行成段表达　Make an expression by following the passage

路易和艾琳都喜欢吃辣的,艾琳不喜欢吃甜的。他们点了一个麻婆豆腐、一个辣子鸡丁,还点了两碗米饭。他们不喝茶。

六、说一说　Give a talk

1. 你和同学分别扮演服务员和顾客,进行点菜的会话练习。
2. 介绍一下儿你喜欢吃什么菜。

七、课后活动　After-class activities

下课以后,请朋友去饭店吃饭,并用汉语点菜。上课的时候,跟同学们说一说这个过程(主要包括以下内容:去哪里吃饭了、点了什么菜、喝了什么饮料、味道怎么样等等)。

Please invite your friend to a restaurant and order food in Chinese. Please tell us the whole process in the class (mainly including the following contents: where did you go, what did you order, what did you drink, how does it taste, etc.).

第四课　我请客
Lesson 4　It's my treat

八、写一写　Write the following characters

请把下面的字写在田字格里，看谁写得最漂亮。

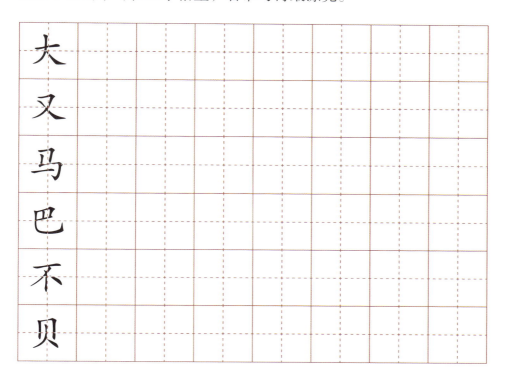

常用表达 Common Expressions

Qǐngwèn, nín jǐ wèi?
1. 请问，您几位？　　　Excuse me, how many people altogether?

Qǐng shāo děng!
2. 请　稍　等！　　　Wait a minute, please!

3. *Zhège cài shì yòng shénme zuò de?*
   这个菜是用什么做的？ How do you cook this dish?

4. *Fúwùyuán, mǎi dān!*
   服务员，买单！ Waiter! The bill, please!

5. *Xǐshǒujiān zài nǎr?*
   洗手间在哪儿？ Where is the restroom?

6. *Wǒ jìng nǐ yì bēi.*
   我敬你一杯。 Propose a toast.

7. *Wǒ chībǎo le.*
   我吃饱了。 I'm full.

8. *Wǒ hēduō le.*
   我喝多了。 I'm drunk.

第五课　有白色的吗
Lesson 5　Do you have a white one

本课目标 Objectives

1. 学习人民币的表达法。
2. 学习询问各种商品的价格。
3. 学习购物时的常用语句。

热身 Warming-up

1. 下面的人民币你都认识吗？请连线。

èrshí yuán (kuài)
二十元（块）

wǔshí yuán (kuài)
五十元（块）

yìbǎi yuán (kuài)
一百元（块）

shí yuán (kuài)
十元（块）

wǔ yuán (kuài)
五元（块）

yì yuán (kuài)
一元（块）

wǔ jiǎo (máo)
五角（毛）

yì jiǎo (máo)
一角（毛）

2. 请读出下面的钱数。

¥ 3.50　　¥ 6.40　　¥ 12.00　　¥ 180　　¥ 1070　　¥ 10900

生　词 New words

1.	白色	n.	báisè	white
2.	这	pron.	zhè	this
3.	种	m.	zhǒng	kind, sort
4.	牛仔裤	n.	niúzǎikù	jeans
5.	穿	v.	chuān	to wear, to put on
6.	号儿	n.	hàor	size
7.	试	v.	shì	to try
8.	条	m.	tiáo	a measure word for long and thin things
9.	钱	n.	qián	money
10.	打折		dǎ zhé	to discount
11.	售货员	n.	shòuhuòyuán	salesclerk
12.	肥	adj.	féi	loose, fat
13.	瘦	adj.	shòu	thin
14.	合适	adj.	héshì	suitable
15.	行	adj.	xíng	OK, all right
16.	贵	adj.	guì	expensive
17.	最	adv.	zuì	the most
18.	低	adj.	dī	low
19.	买	v.	mǎi	to buy

第五课　有白色的吗
Lesson 5　Do you have a white one

重点句子 Important Sentences

1. Zhè zhǒng niúzǎikù yǒu báisè de ma?
   这 种 牛仔裤有 白色 的 吗？
   Do you have white jeans?

2. Yǒu wǒ chuān de hàor ma?
   有 我 穿 的 号儿吗？
   Do you have my size?

3. Nǐ shìshi zhè tiáo.
   你 试试这 条。
   You can try this jeans.

4. Duōshao qián yì tiáo?
   多少 钱一 条？
   How much for the jeans?

5. Dǎ zhé ma?
   打 折 吗？
   Any discount?

6. Wǒ mǎi yì tiáo ba.
   我 买 一 条 吧。
   I want to buy a pair of pants.

课　文 Text

（在商场里 In the shopping mall）

艾　琳：服务员，这 种 牛仔裤有 白色 的 吗？
Àilín：Fúwùyuán, zhè zhǒng niúzǎikù yǒu báisè de ma?

售货员：有。
Shòuhuòyuán：Yǒu.

51

艾 琳： 有我穿的号儿吗？
Àilín： Yǒu wǒ chuān de hàor ma?

售货员： 你试试这条。
Shòuhuòyuán： Nǐ shìshi zhè tiáo.

艾 琳： 好的。
Àilín： Hǎo de.

（艾琳穿好衣服从试衣间出来 Irene got dressed and came out of the fitting room）

售货员： 不肥也不瘦，很合适。
Shòuhuòyuán： Bù féi yě bú shòu, hěn héshì.

艾 琳： 还行！多少钱一条？
Àilín： Hái xíng! Duōshao qián yì tiáo?

售货员： 360 块钱。
Shòuhuòyuán： Sānbǎi liùshí kuài qián.

艾 琳： 太贵了。打折吗？
Àilín： Tài guì le. Dǎ zhé ma?

售货员： 最低九折。
Shòuhuòyuán： Zuì dī jiǔ zhé.

艾 琳： 我买一条吧。
Àilín： Wǒ mǎi yì tiáo ba.

第五课　有白色的吗
Lesson 5　Do you have a white one

综合练习　Comprehensive Exercises

一、读一读，比一比　Read and compare

1. báisè　　páizi
2. qiánmiàn　　qiángmiàn
3. jiǔ zhé　　zǒuzhe
4. qiúxié　　qiú xué
5. féishòu　　féi ròu
6. shàng lù　　ràng lù

二、语句扩展练习　Substitution drills

1. 我喜欢白色。

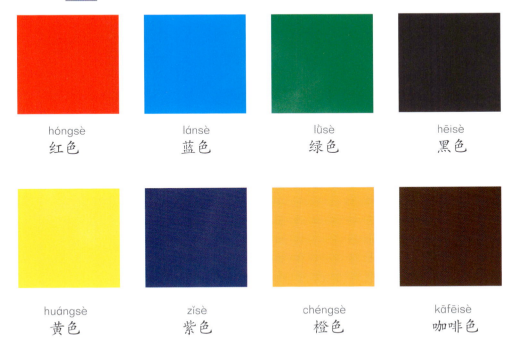

hóngsè　　　lánsè　　　lǜsè　　　hēisè
红色　　　　蓝色　　　　绿色　　　黑色

huángsè　　zǐsè　　　chéngsè　　kāfēisè
黄色　　　　紫色　　　橙色　　　咖啡色

53

2. 这种牛仔裤有黑色的吗?

（1）

（2）

（3）
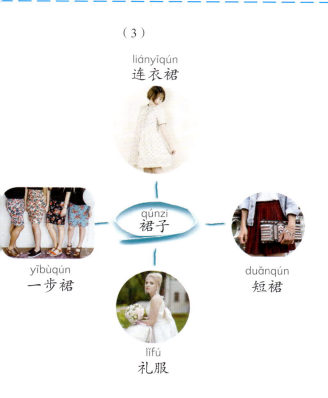

（4）

第五课　有白色的吗
Lesson 5　Do you have a white one

（5）

3. 不<u>贵</u>也不<u>便宜</u>（piányi, cheap）。

4. 橙子（chéngzi, orange）多少钱一斤？

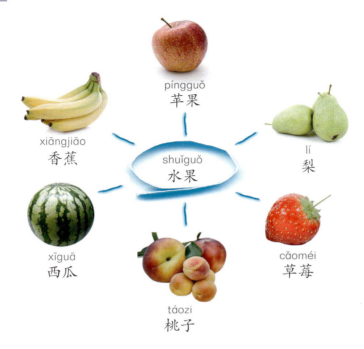

5. 咖啡多少钱一杯（bēi, cup）/瓶（píng, bottle）？

6. 包子（bāozi, steamed bun）多少钱一个 / 盒 / 份？

三、连词成句　Make sentences with the given words

1. 黑色　有　的　牛仔裤　吗

2. 吗　有　穿的　我　号

3. 西瓜（xīguā, watermelon）　一斤　钱　多少

4. 胖 她 不 也 瘦 不

_____

四、根据图片与提示进行对话练习 Make a dialogue according to the given words and pictures

…… duōshao qián yì jīn / gè / hé?
…… 多少 钱 一斤 / 个 / 盒？

Wǒ yào / mǎi…….
我 要 / 买……。

Zuì dī…….
最 低……。

Piányi yìdiǎnr ba!
便宜 一点儿（a little）吧！

五、模仿下面这段话，进行成段表达 Make an expression by following the passage

艾琳试了一条白色的牛仔裤，觉得（juéde, to think）很合适。那条牛仔裤360元一条，可以打九折。艾琳买了一条。

第五课　有白色的吗
Lesson 5　Do you have a white one

六、说一说　Give a talk

1. 你喜欢什么颜色的包？

2. 你的衣橱（yīchú, wardrobe）里都有什么衣服（yīfu, clothes）？

七、课后活动　After-class activities

今天下课以后，请你去买一样你最近需要的东西，并完成以下活动。Please go and buy one thing you need recently after class, and complete the following activities.

1. 拍下你去的地方的名称。Take pictures of the place where you went.

2. 拍下你买的东西。Take pictures of the things that you bought.

3. 如果条件允许，请对购物过程进行录音。Record the shopping process if possible.

4. 模仿下面一段话讲一讲你的经历。Say something about your experience by imitating the following passage.

艾琳在商场买了一条白色的牛仔裤。那条牛仔裤打了九折,一共360块钱。牛仔裤不肥也不瘦,很合适。

参考用词:

chāoshì
超市

shāngdiàn
商店

kāfēiguǎnr
咖啡馆儿

dàngāodiàn
蛋糕店

shūdiàn
书店

cāntīng
餐厅

八、写一写 Write the following characters

请把下面的字写在田字格里,看谁写得最漂亮。

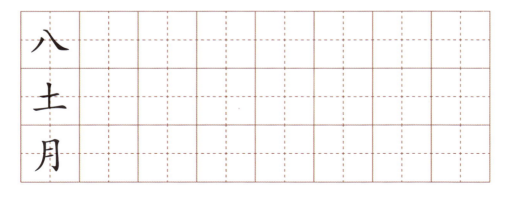

第五课 有白色的吗
Lesson 5　Do you have a white one

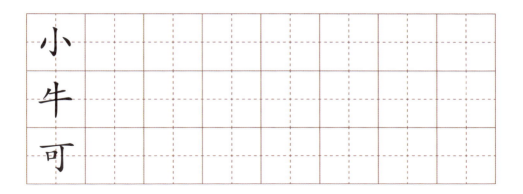

常用表达　Common Expressions

Zhège duōshao qián?
1. 这个 多少 钱？　　　　　　How much for this one?

Qǐngwèn, shōuyíntái zài nǎ biān?
2. 请问， 收银台 在 哪 边？　　Excuse me, where is the cashier desk?

Nín yǒu yí kuài de língqián ma?
3. 您 有 一 块 的 零钱 吗？　　Do you have one yuan?

Duìbuqǐ, wǒ zhǎo bu kāi.
4. 对不起，我 找 不 开。　　　Sorry, I don't have any change.

Wǒ yào yì zhāng fāpiào.
5. 我 要 一 张 发票。　　　　I want a receipt.

Nín yòng shénme fù? Wēixìn
6. 您 用 什么 付？微信　　　How would you like to pay?
háishi zhīfùbǎo?
　还是支付宝？　　　　　　　WeChat or Alipay?

第六课　晚上有空儿吗

Lesson 6　Are you free this evening

本课目标 Objectives

1. 学习星期的表达法。
2. 学习问候的表达法。
3. 学习如何发出邀请。

热身 Warming-up

互相问答时间。

A：今天星期几?

B：今天_____。（星期一、星期二、星期三……）

第六课 晚上有空儿吗
Lesson 6 Are you free this evening

生 词 New words

1.	晚上	n.	wǎnshang	night, evening
2.	空儿	n.	kòngr	free time
3.	长	adj.	cháng	long
4.	时间	n.	shíjiān	time
5.	最近	n.	zuìjìn	recently
6.	挺	adv.	tǐng	very, rather
7.	可是	conj.	kěshì	but
8.	有点儿	adv.	yǒudiǎnr	a little, a bit
9.	忙	adj.	máng	busy
10.	一起	adv.	yìqǐ	together
11.	晚饭	n.	wǎnfàn	dinner
12.	星期	n.	xīngqī	week
13.	不好意思		bù hǎoyìsi	I'm sorry
14.	门口	n.	ménkǒu	gate
15.	饭馆儿	n.	fànguǎnr	restaurant
16.	周六	n.	zhōuliù	Saturday

重点句子 Important Sentences

1. Hěn cháng shíjiān méi jiàn nǐ le, zuìjìn hǎo ma?
   很长时间没见你了,最近好吗?
   I haven't seen you for a long time, have you been well recently?

2. Tǐng hǎo de, kěshì yǒudiǎnr máng.
   挺好的,可是有点儿忙。
   I'm fine but a little busy.

3. Wǒmen yìqǐ chī wǎnfàn ba?
   我们一起吃晚饭吧?
   Let's have dinner, shall we?

4. Zhège xīngqī wǒ méi kòngr.
   这个星期我没空儿。
   I have no time this week.

5. Xīngqīliù wǎnshang zěnmeyàng?
   星期六晚上怎么样?
   How about Saturday evening?

课文 Text

(李南的手机响了 Linan's cellphone is ringing)

艾琳: 你好,李南,我是艾琳。
Àilín: Nǐ hǎo, Lǐ Nán, wǒ shì Àilín.

李南: 艾琳啊!很长时间没见你了,最近好吗?
Lǐ Nán: Àilín a! Hěn cháng shíjiān méi jiàn nǐ le, zuìjìn hǎo ma?

第六课 晚上有空儿吗
Lesson 6 Are you free this evening

艾 琳： 挺 好 的，可是 有点儿 忙，你 呢？
Àilín: Tǐng hǎo de, kěshì yǒudiǎnr máng, nǐ ne?

李 南： 我 也 挺 忙 的。
Lǐ Nán: Wǒ yě tǐng máng de.

艾 琳： 今天 有 时间 吗？我们 一起 吃 晚饭 吧？
Àilín: Jīntiān yǒu shíjiān ma? Wǒmen yìqǐ chī wǎnfàn ba?

李 南： 不 好意思， 这个 星期 我 没 空儿。星期六 晚上
Lǐ Nán: Bù hǎoyìsi, zhège xīngqī wǒ méi kòngr. Xīngqīliù wǎnshang

怎么样？
zěnmeyàng?

艾 琳： 好，那 就 星期六 晚上 六点 半 见 吧。
Àilín: Hǎo, nà jiù xīngqīliù wǎnshang liù diǎn bàn jiàn ba.

李 南： 在 哪儿？
Lǐ Nán: Zài nǎr?

艾 琳： 学校 门口 的 小 饭馆儿，好 吗？
Àilín: Xuéxiào ménkǒu de xiǎo fànguǎnr, hǎo ma?

李 南： 好，周六 见！
Lǐ Nán: Hǎo, zhōuliù jiàn!

综合练习 Comprehensive Exercises

一、读一读，比一比 Read and compare

1. jiàn miàn   qiánmiàn
2. wǎnshang   wǎngshàng
3. yìsi   yúshì
4. méi kòngr   ménkǒu
5. tǐng máng   tǐng màn
6. yǒudiǎnr   fànguǎnr

二、语句扩展练习 Substitution drills

1. 我 挺 好 的，但是有点儿 忙。

（1）

zhège cài   hǎochī   là
这个菜   好吃 (delicous)   辣

（2）

zhè tiáo qúnzi   piàoliang   xiǎo
这条裙子   漂亮 (pretty)   小

（3）

zhège fángjiān   shūfu   guì
这个 房间   舒服 (comfortable)   贵

（4）

nàli   hǎowánr   lěng
那里   好玩儿 (interesting)   冷

第六课 晚上有空儿吗
Lesson 6　Are you free this evening

2. 我们一起<u>吃饭</u>吧。

（1）

xué Hànyǔ
学汉语

（2）

wánr yóuxì
玩儿游戏

（3）

pǎo bù
跑步

（4）

guàng jiē
逛　街

3. <u>星期六晚上</u>我有空儿。

我的日常安排

	星期一	星期二	星期三	星期四	星期五	星期六	星期日
8:00—9:45	口语课	综合课	语法课	口语课	综合课	足球课	见朋友
10:00—11:45	综合课	口语课	口语课	综合课	口语课		
14:00—15:45	汉字课		HSK辅导课		中国文化		
16:00—18:00	上网	踢足球	去图书馆				

三、连词成句　Make sentences with the given words

1. 我　空儿　有　星期天

   _____

2. 最近　忙　妈妈　很

   _____

3. 不好意思　迟到　了　我

   _____

4. 一起　公园　去　我们　吧

   _____

5. 漂亮　挺　她　妹妹　也　的

   _____

6. 房间　小　很　漂亮　但是　有点儿

   _____

四、选词填空　Choose the correct words to fill in the blanks

吗　呢　吧　怎么样　哪儿　什么

1. A：后天我们在_____见面？

   B：在学校门口吧。

2. A：这个饭馆儿的菜_____？

   B：挺好的。

3. A：星期天晚上，我们一起去商店_____？

   B：好啊！

4. A：他喜欢唱歌，他的姐姐_____？

   B：也喜欢唱歌。

5. A：你觉得汉语难_____？

   B：挺难的。

6. A：你_____时候有空儿？

   B：星期六晚上。

五、根据图片与提示进行对话练习　Make a dialogue according to the given words and pictures

最近忙吗？

……有空儿吗？

我们一起去……吧。

diànyǐngyuàn
电影院（cinema）

pá shān
爬山

túshūguǎn
图书馆

shāngchǎng
商场

Xīngbākè
星巴克

六、模仿下面这段话，进行成段表达　Make an expression by following the passage

艾琳给李南打电话，他们很长时间没见了，他们都挺忙的。艾琳想今天晚上和李南一起吃晚饭，可是李南没有空儿。李南星期六晚上有空儿，他们星期六晚上六点半在学校门口的小饭馆儿一起吃晚饭。

七、说一说　Give a talk

除了"你/您好"以外，你还知道哪些中国人相互问候的表达方式？

八、课后活动　After-class activities

今天下课以后，向你的中国老师/朋友发出一个邀请，在可能的情况下进行录音，并模仿下面这段话讲一讲你的经历。

Send out an invitation to your Chinese teacher or friends after class, and record the process if possible. Say something about your experience by imitating the following passage.

艾琳给李南打电话，想约（yuē, to make an appointment）李南今天晚上一起吃晚饭，可是李南没有空儿。李南星期天有空儿，他们打算（dǎsuàn, to plan to）星期六晚上在学校门口的小饭馆儿一起吃晚饭。

九、写一写　Write the following characters

请把下面的字写在田字格里，看谁写得最漂亮。

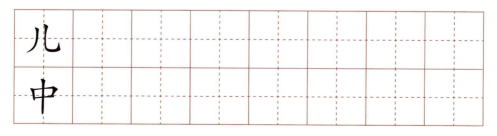

第六课　晚上有空儿吗
Lesson 6　Are you free this evening

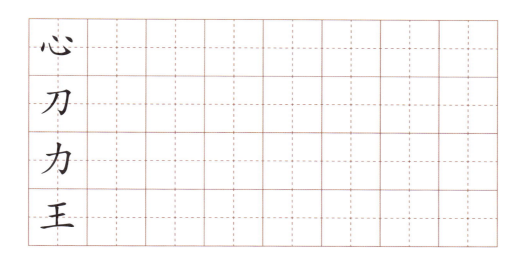

常用表达 Common Expressions

1. Zhù nǐ shēngrì kuàilè!
   祝你生日快乐！　　　　　　Happy birthday to you!

2. Jīntiān jiāli yǒu kèren.
   今天家里有客人。　　　　　Today we have guests in my home.

3. Nǐ dǎsuàn sòng shénme lǐwù?
   你打算送什么礼物？　　　　What present are you going to send?

4. Jīntiān wǎnshang yǒu ge Shèngdàn Jié wǎnhuì, nǐ cānjiā ma?
   今天晚上有个圣诞节晚会，你参加吗？　　There is a Christmas' party this evening, are you going to attend it?

5. Hǎo, wǒ yídìng qù.
   好，我一定去。　　　　　　Ok, I'll go.

6. Jīntiān xīngqījǐ?
   今天星期几？　　　　　　　What day is it today?

第七课　我最喜欢睡觉
Lesson 7　I like sleeping very much

本课目标 Objectives

1. 学习个人爱好的表达法。
2. 学习询问别人的爱好。

热身 Warming-up

你最喜欢做什么？

jiànshēn
健身

kàn diànyǐng
看电影

tīng yīnyuè
听音乐

zuò fàn
做饭

第七课 我最喜欢睡觉
Lesson 7　I like sleeping very much

生　词　New words

1. 睡觉		shuì jiào	to sleep
2. 爱好	n.	àihào	hobby
3. 只	adv.	zhǐ	only
4. 会	v.	huì	to be able to
5. 踢	v.	tī	to kick
6. 球	n.	qiú	ball
7. 得	part.	de	used after a verb or an adjective to introduce a complement of result or state
8. 教	v.	jiāo	to teach
9. 没问题		méi wèntí	no problem
10. 不过	conj.	búguò	but
11. 足球	n.	zúqiú	football
12. 比赛	n.	bǐsài	competition, tournament
13. 做	v.	zuò	to do
14. 多	adj.	duō	many, much, more
15. 书	n.	shū	book
16. 啦	part.	la	modal particle
17. 画	v.	huà	to draw
18. 画儿	n.	huàr	picture

重点句子 Important Sentences

1. 你有什么爱好?
   Nǐ yǒu shénme àihào?
   What's your hobby?

2. 我只会看球,不会踢球。
   Wǒ zhǐ huì kàn qiú, bú huì tī qiú.
   I can watch football only, I can not play football.

3. 喜欢唱,可是唱得不好。
   Xǐhuan chàng, kěshì chàng de bù hǎo.
   I like singing but I can not sing well.

4. 您教我们唱汉语歌吧。
   Nín jiāo wǒmen chàng Hànyǔgē ba.
   Teach us to sing Chinese songs.

5. 没问题。
   Méi wèntí.
   No problem.

6. 我的爱好很多。不过,我最喜欢睡觉。
   Wǒ de àihào hěn duō. Búguò, wǒ zuì xǐhuan shuì jiào.
   I have many hobbies. But I like sleeping very much.

课文 Text

老师: 路易,你有什么爱好?
Lǎoshī: Lùyì, nǐ yǒu shénme àihào?

路易: 我最喜欢看足球比赛。
Lùyì: Wǒ zuì xǐhuan kàn zúqiú bǐsài.

第七课　我最喜欢睡觉
Lesson 7　*I like sleeping very much*

艾　琳：那 你 喜欢 踢球 吗？
Àilín：Nà nǐ xǐhuan tī qiú ma?

路　易：我 只 会 看 球，不 会 踢 球。老师，您 的 爱好 是
Lùyì：Wǒ zhǐ huì kàn qiú, bú huì tī qiú. Lǎoshī, nín de àihào shì

什么？
shénme?

老　师：我 最 喜欢 听 音乐。
Lǎoshī：Wǒ zuì xǐhuan tīng yīnyuè.

艾　琳：那 您 喜欢 唱 歌 吗？
Àilín：Nà nín xǐhuan chàng gē ma?

老　师：喜欢 唱，可是 唱 得 不 好。
Lǎoshī：Xǐhuan chàng, kěshì chàng de bù hǎo.

路　易：老师，您 教 我们 唱 汉语歌 吧。
Lùyì：Lǎoshī, nín jiāo wǒmen chàng Hànyǔgē ba.

老　师：没 问题。艾琳，你 喜欢 做 什么？
Lǎoshī：Méi wèntí. Àilín, nǐ xǐhuan zuò shénme?

艾　琳：我 的 爱好 很 多，看 书 啦，听 音乐 啦，画 画儿
Àilín：Wǒ de àihào hěn duō, kàn shū la, tīng yīnyuè la, huà huàr

啦，我 都 喜欢。不过，我 最 喜欢 睡 觉！
la, wǒ dōu xǐhuan. Búguò, wǒ zuì xǐhuan shuì jiào!

75

综合练习 Comprehensive Exercises

一、读一读，比一比　Read and compare

1. zhù jiǔ　　zúqiú
2. bǐsài　　bǐsà
3. yīnyuè　　Yīngyǔ
4. chàng gē　　shàng kè
5. wèntí　　wèn nǐ
6. kàn shū　　kǎn shù

二、语句扩展练习　Substitution drills

1. <u>你</u>有什么爱好？

（1）
tā
他

（2）
nǐ nánpéngyou
你男朋友

（3）
nǐ de péngyou
你的朋友

2. 我最喜欢<u>爬山</u>。

（1）
chàng gē
唱歌

（2）
tīng yīnyuè
听音乐

第七课　我最喜欢睡觉
Lesson 7　I like sleeping very much

（3）

kàn shū
看书

（4）

yóu yǒng
游泳

3. <u>他</u>唱得<u>不好</u>。

（1）

四是四
十是十……

tā　　shuō　　tài kuài
她　　说　　太快

（2）

tā　　tiào wǔ　　hěn hǎo
她　　跳舞　　很好

（3）

tā　　xiě zì　　hěn màn
他　　写字　　很慢

（4）

tā　　zhǎng　　hěn piàoliang
她　　长　　很漂亮

4. 我不会踢球。

(1)

tā māma　　zuò fàn
他妈妈　　做饭

(2)

lǎoshī　　tiào wǔ
老师　　跳舞

(3)

nàge nǚháir　　dǎ lánqiú
那个女孩儿　　打篮球

(4)

tā　　shuō Yīngyǔ
他　　说英语

5. 老师教我们唱汉语歌。

(1)

Zhōngguó péngyou　wǒ　shuō Hànyǔ
中国 朋友　我　说汉语

(2)

gēge　dìdi　dǎ lánqiú
哥哥　弟弟　打篮球

第七课　我最喜欢睡觉
Lesson 7　I like sleeping very much

（3）　　（4）

　bàba　érzi　yòng diànnǎo　　　　lǎoshī　wǒ　huà huàr
　爸爸　儿子　用 电脑　　　　　　老师　我　画画儿

三、连词成句　Make sentences with the given words

1. 得　老师　很　说　快

　_____

2. 我的　妈妈　跳舞　会　不

　_____

3. 爱好　妹妹　有　你　什么

　_____

4. 弟弟　最大　爱好　的　电视（diànshì, television）　是　看

　_____

四、根据图片与提示进行对话练习　Make dialogues according to the given words and pictures

1. A：你有……？
   B：我喜欢……。
   A：你喜欢唱歌吗？
   B：喜欢，可是……。

2. A：你……画画儿吗？
   B：不会，你呢？
   A：我特别喜欢……，朋友说我画得……。
   B：你教我……吧。

五、模仿下面这段话，进行成段表达　Make an expression by following the passage

　　路易最喜欢看足球比赛，可是他不会踢足球。王老师最喜欢听音乐，也喜欢唱歌，可是她说自己唱得不太好。艾琳的爱好很多，看书啦，听音乐啦，画画儿啦，她都喜欢，不过，她最喜欢睡觉。

六、说一说　Give a talk

　　向同学介绍自己的爱好。

第七课　我最喜欢睡觉
Lesson 7　I like sleeping very much

七、课后活动　After-class activities

采访 2—3 位朋友，问问他们有什么爱好、做什么做得最好、做什么做得不太好，有没有不喜欢做的事。

Interview two or three friends, ask them what hobbies they have, what they do best, what they do worst, anything they don't like to do.

八、写一写　Write the following characters

请把下面的字写在田字格里，看谁写得最漂亮。

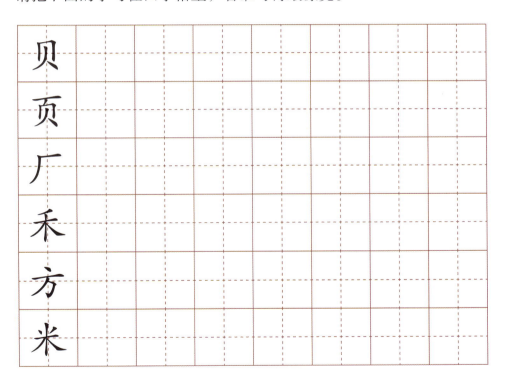

常用表达 Common Expressions

1. **Nǐ xǐhuan shénme yùndòng?**
   你 喜欢 什么 运动? — Which sports do you like?

2. **Shéi gēn shéi bǐsài?**
   谁 跟 谁 比赛? — Which two teams are in the competition?

3. **Wǒmen yíng le, tāmen shū le!**
   我们 赢 了,他们 输 了! — We won, and they lost.

4. **Tā měi tiān shàng wǎng kàn xīnwén.**
   她 每 天 上 网 看 新闻。 — She watches the news online everyday.

第八课　汉语课最有意思
Lesson 8　Chinese class is the most interesting

本课目标 Objectives

1. 学习时间的表达法。
2. 学习询问课程信息。
3. 学习邀请的表达法。

热身 Warming-up

下面的时间你知道怎么读吗？

生 词 New words

1.	有意思		yǒu yìsi	interesting
2.	才	adv.	cái	just
3.	下课		xià kè	class is over
4.	晚	adj.	wǎn	late
5.	电影	n.	diànyǐng	film, movie
6.	就	adv.	jiù	at once, right away
7.	开始	v.	kāishǐ	to begin
8.	真	adv.	zhēn	really, indeed
9.	可惜	adj.	kěxī	such a pity
10.	每	pron.	měi	each, every
11.	节	m.	jié	*a measure word for class*
12.	学期	n.	xuéqī	semester
13.	门	m.	mén	*a measure word for courses*
14.	想	v.	xiǎng	to want to
15.	以后	n.	yǐhòu	after, later
16.	专业	n.	zhuānyè	major

第八课　汉语课最有意思
Lesson 8　Chinese class is the most interesting

重点句子 Important Sentences

1. Sì diǎn bàn cái xià kè.
   四点半才下课。
   The class is not over until half past four.

2. Tài wǎn le, diànyǐng sì diǎn jiù kāishǐ le.
   太晚了，电影四点就开始了。
   It's too late. The movie has started just at four o'clock.

3. Zhēn kěxī!
   真可惜!
   What a pity!

4. Měi ge xīngqī nǐ yǒu duōshao jié kè?
   每个星期你有多少节课?
   How many lessons do you have every week?

5. Zhège xuéqī nǐ yǒu jǐ mén kè?
   这个学期你有几门课?
   How many courses do you have this semester?

课文 Text

艾琳：李南，下午一起去看电影吧。
Àilín: Lǐ Nán, xiàwǔ yìqǐ qù kàn diànyǐng ba.

李南：我也想去，可是我有课。四点半才下课。
Lǐ Nán: Wǒ yě xiǎng qù, kěshì wǒ yǒu kè. Sì diǎn bàn cái xià kè.

艾 琳： 太 晚 了，电影 四 点 就 开始 了。
Àilín: Tài wǎn le, diànyǐng sì diǎn jiù kāishǐ le.

李 南： 真 可惜，以后 再 一起 去 吧。你 下午 没有
Lǐ Nán: Zhēn kěxī, yǐhòu zài yìqǐ qù ba. Nǐ xiàwǔ méiyǒu

课 吗？
kè ma?

艾 琳： 我 今天 上午 四 节 课，下午 没 课。
Àilín: Wǒ jīntiān shàngwǔ sì jié kè, xiàwǔ méi kè.

李 南： 每 个 星期 你 有 多少 节 课？
Lǐ Nán: Měi ge xīngqī nǐ yǒu duōshao jié kè?

艾 琳： 22 节。
Àilín: Èrshí'èr jié.

李 南： 挺 多 的。这个 学期 你 有 几 门 课？
Lǐ Nán: Tǐng duō de. Zhège xuéqī nǐ yǒu jǐ mén kè?

艾 琳： 四 门 课。有 三 门 专业课，一 门 汉语课。
Àilín: Sì mén kè. Yǒu sān mén zhuānyèkè, yì mén Hànyǔkè.

李 南： 你 最 喜欢 哪 门 课？
Lǐ Nán: Nǐ zuì xǐhuan nǎ mén kè?

艾 琳： 我 觉得 汉语课 最 有意思！
Àilín: Wǒ juéde Hànyǔkè zuì yǒu yìsi!

第八课　汉语课最有意思
Lesson 8　Chinese class is the most interesting

综合练习　Comprehensive Exercises

一、读一读，比一比　Read and compare

1. shàng kè　　xià kè
2. kěshì　　　 kěxī
3. kāishǐ　　　gāisǐ
4. zài lái　　　cái lái
5. zhuānyè　　chuānyuè
6. xuéqī　　　xiēxi

二、语句扩展练习　Substitution drills

1. 你几点下课？

（1）

tā　　qǐ chuáng
她　　起床

（2）

tāmen　　shàng kè
他们　　　上课

（3）

nǐ　　chī wǔfàn
你　　吃午饭（lunch）

（4）

tā　　shuì jiào
他　　睡觉

87

2. <u>我</u> <u>四点半</u>才<u>下课</u>。

（1）

tāmen　shí diǎn　shàng kè
他们　十点　上课

（2）

wǒ　shíyī diǎn　chī zǎofàn
我　十一点　吃早饭(breakfast)

（3）

tā　èrshíwǔ suì　shàng dàxué
他　25岁　上大学

（4）

tāmen　sìshí suì　jié hūn
他们　40岁　结婚

3. <u>电影</u> <u>四点</u>就<u>开始</u>了。

（1）

tāmen　qī diǎn　lái xuéxiào
他们　七点　来学校

（2）

jiějie　jiǔ diǎn　shuì jiào
姐姐　九点　睡觉

第八课　汉语课最有意思
Lesson 8　Chinese class is the most interesting

（3）

　　tā　èrshí suì　jié hūn
　　她　20岁　结婚

（4）

　　tā　sān diǎn　huí jiā
　　她　三点　回家（to go home）

4. 每个星期 我有 22 节课。

（1）

	星期一	星期二	星期三	星期四	星期五
第一节课	综合课	口语课			综合课
第二节课	综合课	口语课		口语课	综合课
第三节课	口语课		口语课	听力课	口语课
第四节课	口语课		口语课	听力课	口语课
第五节课		综合课	汉字课		
第六节课		综合课	汉字课		

　měi tiān　wǒ　　sì jié kè
　每天　　我　　四节课

（2）

综合、口语、汉字、听力、HSK辅导。

　měi ge xuéqī　tā　wǔ mén kè
　每个学期　她　五门课

（3）

　měi nián　tā　liǎng ge jiàqī
　每年　　他　两个假期（vacation）

（4）

　měi ge zhōumò　tāmen　liǎng ge xiǎoshí zúqiúkè
　每个周末　　他们　　两个小时足球课

三、连词成句　Make sentences with the given words

1. 下午　几　点　今天　上课

　　_____

2. 哪儿　觉得　最　你　漂亮

　　_____

3. 学期　课　几　这个　你　门　有

　　_____

4. 就　妈妈　五点　起床　了

　　_____

四、根据图片与提示进行对话练习　Make a dialogue according to the given words and pictures

……你有课吗？（今天、明天、后天、星期三……）

……你有几节课？（每天、每个星期……）

几点下课？（才、就）

我们……才/就……。

这个学期你有几门课？

这个学期我有……。

你最喜欢什么课？

我最喜欢……，……最有意思。

	星期一	星期二	星期三	星期四	星期五
8:00－9:50	综合	口语	口语	综合	听力
10:00－11:50	听力	HSK 辅导	汉字	口语	综合
14:00－15:50	口语	语法	HSK 辅导	汉字	听力

第八课　汉语课最有意思
Lesson 8　Chinese class is the most interesting

五、模仿下面这段话，进行成段表达　Make an expression by following the passage

艾琳上午有四节课，下午没有课，她想和李南一起去看电影，可是李南下午有课。电影四点就开始，李南四点半才下课。艾琳这个学期有四门课，三门专业课，一门汉语课，她最喜欢汉语课。

六、说一说　Give a talk

向同学介绍你一天的生活。

七、课后活动　After-class activities

今天下课以后，邀请你的中国朋友陪你一起去做一件你想做的事，参考下面这段话讲一讲你们的约定。

Please invite your Chinese friends to do something with you, say something about your appointment by imitate the following passage.

艾琳上午有四节课，下午没有课。她想和李南一起去看电影，可是李南下午有课。所以，他们打算星期六再一起去看电影。

八、写一写　Write the following characters

请把下面的字写在田字格里，看谁写得最漂亮。

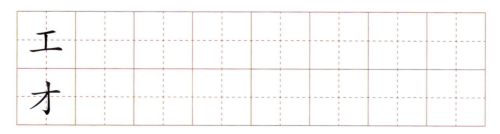

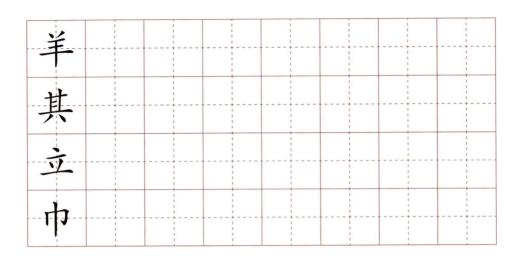

常用表达 Common Expressions

      Zhè shì yì mén xuǎnxiūkè.
1. 这 是 一门 选修课。　　　　　This is an optional course.

      Zhè cì kǎoshì hěn nán.
2. 这 次 考试 很 难。　　　　　This exam is very difficult.

      Zhè mén kè hěn duō xuésheng
3. 这 门 课 很 多 学生　　　　Many students failed this course.

   bù jígé.
   不及格。

      Tā chángcháng chídào.
4. 他 常常 迟到。　　　　　　He is always late.

      Tā jīntiān qǐng jià le.
5. 他 今天 请假了。　　　　　He is asking for leave today.

第九课　我家有八口人
Lesson 9　There are eight people in my family

本课目标 Objectives

1. 学习常用亲属的表达。
2. 学习介绍家人的常用语句。

热身 Warming-up

你知道你的家人用汉语怎么说吗？

生 词 New words

1.	家	n.	jiā	family, home
2.	口	m.	kǒu	measure word for person (especially for family members)
3.	位	m.	wèi	measure word for person (polite form)
4.	谁	pron.	shéi	who, whom
5.	哥哥	n.	gēge	elder brother
6.	姐姐	n.	jiějie	elder sister
7.	兄弟	n.	xiōngdi	brothers
8.	姐妹	n.	jiěmèi	sisters
9.	弟弟	n.	dìdi	younger brother
10.	爸爸	n.	bàba	father
11.	那么	pron.	nàme	so
12.	特别	adv.	tèbié	especially
13.	孩子	n.	háizi	child
14.	妹妹	n.	mèimei	younger sister
15.	还	adv.	hái	still
16.	只	m.	zhī	measure word (for some animals)
17.	狗	n.	gǒu	dog
18.	爷爷	n.	yéye	grandpa
19.	奶奶	n.	nǎinai	grandma
20.	独生子	n.	dúshēngzǐ	the only son
21.	所以	conj.	suǒyǐ	so, therefore

第九课 我家有八口人
Lesson 9 There are eight people in my family

重点句子 Important Sentences

1. Zhè liǎng wèi shì shéi a?
   这 两 位 是 谁 啊?
   Who are these two people?

2. Nǐ yǒu gēge、jiějie ma?
   你 有 哥哥、姐姐 吗?
   Do you have elder brothers and sisters?

3. Wǒ méiyǒu xiōngdì jiěmèi.
   我 没有 兄弟 姐妹。
   I have no brothers or sisters.

4. Wǒ yǒu yí ge dìdi.
   我 有 一个 弟弟。
   I have a younger brother.

5. Nàme duō a!
   那么 多 啊!
   So many people!

6. Wǒ bàba māma tèbié xǐhuan háizi, suǒyǐ wǒ yǒu yí ge gēge,
   我爸爸妈妈特别喜欢孩子,所以我 有一个哥哥,
   yí ge jiějie, yí ge dìdi, yí ge mèimei, hái yǒu
   一个姐姐,一个弟弟,一个 妹妹,还 有
   yì zhī gǒu!
   一只狗!
   My father likes children very much. So I have an elder brother, an elder sister, a younger brother, a younger sister and a dog!

课文 Text

（在李南的房间里，艾琳和路易在看李南的照片。In Linan's room, Irene and Louis are looking at Linan's photo.）

路 易： 李南，这是你爸爸妈妈吗？
Lùyì: Lǐ Nán, zhè shì nǐ bàba māma ma?

李 南： 是啊。
Lǐ Nán: Shì a.

艾 琳： 这两位是谁啊？
Àilín: Zhè liǎng wèi shì shéi a?

李 南： 是我的爷爷奶奶。
Lǐ Nán: Shì wǒ de yéye nǎinai.

路 易： 你有哥哥、姐姐吗？
Lùyì: Nǐ yǒu gēge、jiějie ma?

李 南： 我是独生子，没有兄弟姐妹。路易，你呢？
Lǐ Nán: Wǒ shì dúshēngzǐ, méiyǒu xiōngdì jiěmèi. Lùyì, nǐ ne?

路 易： 我家有八口人！
Lùyì: Wǒ jiā yǒu bā kǒu rén!

艾 琳： 那么多啊！
Àilín: Nàme duō a!

路 易： 我爸爸妈妈特别喜欢孩子，所以我有一个哥哥、一个姐姐，一个弟弟，一个妹妹，还有一只狗！
Lùyì: Wǒ bàba māma tèbié xǐhuan háizi, suǒyǐ wǒ yǒu yí ge gēge、yí ge jiějie, yí ge dìdi, yí ge mèimei, hái yǒu yì zhī gǒu!

第九课　我家有八口人
Lesson 9　There are eight people in my family

综合练习 Comprehensive Exercises

一、读一读，比一比　Read and compare

1. zhǎobiàn　　zhàopiàn　　2. dúshēng　　dúshēn
3. jiějie　　　xièxie　　　4. gēge　　　gègè
5. xìngfú　　　xīnkǔ　　　6. jiārén　　　zhā rén

二、语句扩展练习　Substitution drills

1. <u>这两位</u>是谁啊？

（1）

nà wèi xiānsheng
那位 先生

（2）

nàge nǔshēng
那个 女生（girl）

（3）

nàge nánháir
那个 男孩儿（boy）

（4）

tāmen
他们

2. 我爸爸特别喜欢孩子。

（1）

wǒ hé gēge　　wánr yóuxì
我和哥哥　　玩儿游戏

（2）

jiějie　　yóu yǒng
姐姐　　游泳

（3）

wǒmen　　kàn diànyǐng
我们　　看 电影

（4）

tā　　tīng yīnyuè
她　　听音乐

3. 我爸爸特别喜欢孩子，所以我的兄弟姐妹很多。

（1）

dúshēngzǐ　　méiyǒu xiōngdì jiěmèi
独生子　　没有 兄弟 姐妹

（2）

qúnzi tài guì le　　bù mǎi le
裙子太贵了　　不买了

第九课 我家有八口人
Lesson 9 There are eight people in my family

（3） （4）

tā tèbié máng　　méiyǒu shíjiān kàn diànyǐng　　tā yǒu kòngr　　shàng wǎng gòu wù
她特别忙　　没有时间看电影　　她有空儿　　上网购物

4. <u>我</u> <u>有</u>哥哥、姐姐、弟弟、妹妹，还<u>有一只狗</u>。

（1） （2）

tā　yǒu yí ge　āyí　　yǒu yí ge shūshu　　tā　xǐhuan hē kāfēi　　xǐhuan hē chá
她　有一个阿姨　　有一个叔叔　　她　喜欢喝咖啡　　喜欢喝茶

（3） （4）

māma　　mǎi le qúnzi　　mǎi le kùzi　　wǒ　huì chàng gē　　huì huà huar
妈妈　买了裙子　　买了裤子　　我　会唱歌　　会画画儿

三、连词成句　Make sentences with the given words

1. 他们　独生子　是　都

   _____

2. 的　今天　好吃　特别　晚饭

   _____

3. 爷爷家　五　口　有　人

   _____

4. 那么　你　漂亮　女朋友　啊

   _____

四、选词填空　Choose the correct words to fill in the blanks

个　张　位　口

这是我叔叔家的一_____照片，叔叔是一_____老师，他家有四_____人，叔叔有一_____女儿和一_____儿子，都特别可爱。

第九课　我家有八口人
Lesson 9　There are eight people in my family

五、根据图片与提示进行对话练习　Make a dialogue according to the given words and pictures

你家有几口人？　　我家有……。
这是谁呀？　　　　她／他是……。
他／她特别……。
你有兄弟姐妹吗？　我有／没有……。
我不是／是独生子／女。

六、模仿下面这段话，进行成段表达　Make an expression by following the passage

李南家有三口人，他是独生子，没有兄弟姐妹。路易家有八口人，因为他的爸爸妈妈特别喜欢孩子，所以路易有一个哥哥，一个姐姐，一个弟弟，一个妹妹，还有一只狗。

七、说一说　Give a talk

请准备一张你和家人的照片，参考以下提示向全班同学介绍你的家庭。

我家有……口人。
这是我……。
我……特别……。
……，所以……。

101

八、课后活动　After-class activities

采访1～2个中国朋友，问问他们的家庭成员和宠物。

Interview one or two Chinese friends and ask about their family members and pets.

九、写一写　Write the following characters

请把下面的字写在田字格里，看谁写得最漂亮。

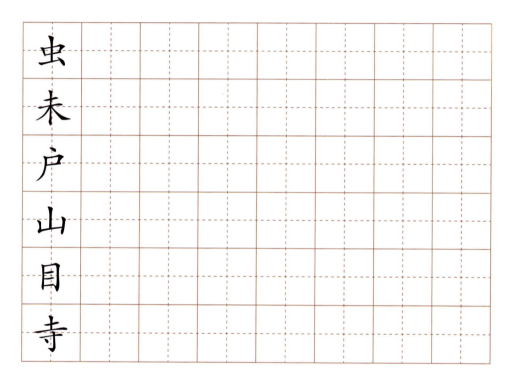

第九课　我家有八口人
Lesson 9　There are eight people in my family

常用表达 Common Expressions

1. 你爸爸做什么工作？
   Nǐ bàba zuò shénme gōngzuò?
   What does your father do?

2. 我姐姐是秘书，她在公司工作。
   Wǒ jiějie shì mìshu, tā zài gōngsī gōngzuò.
   My elder sister is a secretary, she works in the company.

3. 你弟弟多大了？
   Nǐ dìdi duō dà le?
   How old is your younger brother?

4. 你爷爷多大年纪了？
   Nǐ yéye duō dà niánjì le?
   May I know your grandpa's age?

5. 哥哥结婚了。
   Gēge jié hūn le.
   My elder brother got married.

6. 他很爱他的妻子。
   Tā hěn ài tā de qīzi.
   He loves his wife very much.

第十课　打车去很方便
Lesson 10　It's convenient to take a taxi

本课目标 Objectives

1. 学习方位的表达法。
2. 学习常见场所的表达。
3. 学习有关交通工具的词语。

热身 Warming-up

1. 你知道下面的交通工具用汉语怎么说吗？

2. 介绍一下儿你平时出行的交通工具。

第十课　打车去很方便
Lesson 10　It's convenient to take a taxi

生词 New words

1.	博物馆	n.	bówùguǎn	museum
2.	展览	n.	zhǎnlǎn	exhibition
3.	离	v.	lí	to be away from
4.	远	adj.	yuǎn	far
5.	坐	v.	zuò	to sit, to take (a bus)
6.	出租车	n.	chūzūchē	taxi
7.	分钟	n.	fēnzhōng	minute
8.	能	aux.	néng	can
9.	公交车	n.	gōngjiāochē	bus
10.	对面	n.	duìmiàn	opposite
11.	骑	v.	qí	to ride
12.	自行车	n.	zìxíngchē	bicycle
13.	然后	conj.	ránhòu	then, afterwards
14.	麻烦	adj.	máfan	trouble
15.	还是	adv.	háishi	or, had better
16.	打（车）	v.	dǎ (chē)	to take a taxi
17.	方便	adj.	fāngbiàn	convenient
18.	叫（车）	v.	jiào (chē)	to call a taxi

专名 Proper Noun

中心广场	Zhōngxīn Guǎngchǎng	Central Square

重点句子 Important Sentences

1. Bówùguǎn lí xuéxiào yuǎn ma?
   博物馆离学校远吗?
   Is the museum far from the university?

2. Zuò chūzūchē èrshí fēnzhōng jiù dào le.
   坐出租车 20 分钟就到了。
   It only takes 20 minutes to get there by taxi.

3. Néng bu néng zuò gōngjiāochē qù?
   能不能坐公交车去?
   Can we go there by bus?

4. Guǎngchǎng duìmiàn jiùshì gōngjiāochēzhàn.
   广场对面就是公交车站。
   The bus stop is just opposite to the square.

5. Háishi dǎ chē ba.
   还是打车吧。
   Let's take a taxi.

课文 Text

李南: 博物馆有一个很好的展览,想不想去看看?
Lǐ Nán: Bówùguǎn yǒu yí ge hěn hǎo de zhǎnlǎn, xiǎng bu xiǎng qù kànkan?

路易: 好啊!博物馆离学校远吗?
Lùyì: Hǎo a! Bówùguǎn lí xuéxiào yuǎn ma?

第十课　打车去很方便
Lesson 10　It's convenient to take a taxi

李　南：　不太远，坐 出租车 20 分钟 就到了。
Lǐ Nán:　Bú tài yuǎn, zuò chūzūchē èrshí fēnzhōng jiù dào le.

路　易：　能 不能 坐 公交车 去？
Lùyì:　Néng bu néng zuò gōngjiāochē qù?

李　南：　也可以，不过要去 中心广场 坐 车，
Lǐ Nán:　Yě kěyǐ, búguò yào qù Zhōngxīn Guǎngchǎng zuò chē,

　　　　　广场 对面 就是 公交车站。
　　　　　guǎngchǎng duìmiàn jiùshì gōngjiāochēzhàn.

路　易：　去 中心广场 要走 15 分钟吧？
Lùyì:　Qù Zhōngxīn Guǎngchǎng yào zǒu shíwǔ fēnzhōng ba?

李　南：　咱们 可以骑自行车去那儿，然后 换 公交车。
Lǐ Nán:　Zánmen kěyǐ qí zìxíngchē qù nàr, ránhòu huàn gōngjiāochē.

路　易：　有点儿 麻烦，还是 打车吧。
Lùyì:　Yǒudiǎnr máfan, háishi dǎ chē ba.

李　南：　对，打车去很 方便，我可以用"滴滴打车"
Lǐ Nán:　Duì, dǎ chē qù hěn fāngbiàn, wǒ kěyǐ yòng "Dīdī Dǎ chē"

　　　　　叫 车。
　　　　　jiào chē.

路　易：　太好了！
Lùyì:　Tài hǎo le!

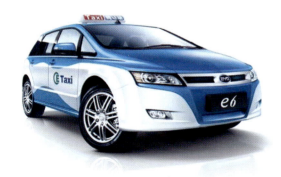

综合练习 Comprehensive Exercises

一、读一读，比一比　Read and compare

1. lùkǒu　　　rùkǒu
2. zhǎodào　　zǎo dào
3. cāochǎng　　cǎochǎng
4. guǎngchǎng　guǎnzhǎng
5. zuò chē　　chūzū
6. shàng chē　　xiàng zuǒ

二、语句扩展练习　Substitution drills

1. <u>博物馆</u>离学校远吗？

（1）

yínháng
银行

（2）

yīyuàn
医院

（3）

yóujú
邮局

（4）

shāngchǎng
商场

第十课　打车去很方便
Lesson 10　It's convenient to take a taxi

（5）
huǒchēzhàn
火车站

（6）
jiǔbā
酒吧

2. <u>坐出租车</u> <u>20分钟</u>就到了。

（1）
zǒu lù　　　shí fēnzhōng
走路　　　十分钟

（2）
kāi chē　　　yí kèzhōng
开车　　　一刻钟

（3）
qí zìxíngchē　　　wǔ fēnzhōng
骑自行车　　　五分钟

（4）
zuò dìtiě　　　bàn ge xiǎoshí
坐地铁　　　半个小时

109

（5）　　　　　　　　　　　（6）

　　zuò　fēijī　　sān ge xiǎoshí　　　　zuò　gāotiě　liǎng ge bàn xiǎoshí
　　坐 飞机　　三个小时　　　　　坐　高铁　　两个半小时

3. <u>广场对面</u>就是<u>公交车站</u>。

túshūguǎn
图书馆

sùshè　　　　　　　　　　　　　　cāochǎng
宿舍　　　　　　　　　　　　　　操场

shítáng
食堂

第十课 打车去很方便
Lesson 10 It's convenient to take a taxi

4. 还是<u>打车</u>吧。

（1）

qù bówùguǎn
去博物馆

（2）

kàn diànyǐng
看电影

（3）

zài sùshè xiūxi
在宿舍休息

（4）

qù gōngyuán
去公园

三、连词成句　Make sentences with the given words

1. 离　这儿　远　中国银行　不

_____

2. 就　骑　自行车　到　了　几分钟

_____

3. 邮局　就　前面　是

_____

4. 公交车　去　坐　吗　好　我们

_____

四、根据图片与提示进行对话练习　Make dialogues according to the given words and pictures

1. A：……离这儿远吗？
   B：……就到了。

gōngyuán
公园

Zhōngxīn Guǎngchǎng
中心广场

gòuwù zhōngxīn
购物中心

2. A：你……吗？
   B：……，还是……吧。

chī miàn
吃面

hē píjiǔ
喝啤酒

gōngzuò
工作 (to work)

fùxí
复习 (to review)

第十课　打车去很方便
Lesson 10　It's convenient to take a taxi

五、模仿下面这段话，进行成段表达　Make an expression by following the passage

李南和路易要去博物馆看展览。博物馆离学校不太远，不过坐公交车有点儿麻烦，他们打算打车去。打车去20分钟就到了，他们打算用"滴滴打车"叫车。

六、说一说　Give a talk

1. 你周末喜欢去哪里（放松）？

kāfēiguǎn
咖啡馆

diànyǐngyuàn
电影院

gōngyuán
公园

Zhōngxīn Guǎngchǎng
中心广场

2. 你常常使用哪种出行方式？

七、课后活动　After-class activities

今天下课以后，去一个你想去的地方，并完成以下活动。Record a place you want to go after class, and complete the following activities.

1. 拍下你选择的交通工具；Take pictures of the vehicle you choose;

2. 拍下目的地的名称；Take pictures of the place where you go;

3. 模仿下面一段话讲一讲你的经历。Say something about your experience by imitating the following passage.

艾琳打车去了中心广场。中心广场离艾琳那儿不远，十分钟就到了。她只花了12块钱。

八、写一写　Write the following characters

请把下面的字写在田字格里，看谁写得最漂亮。

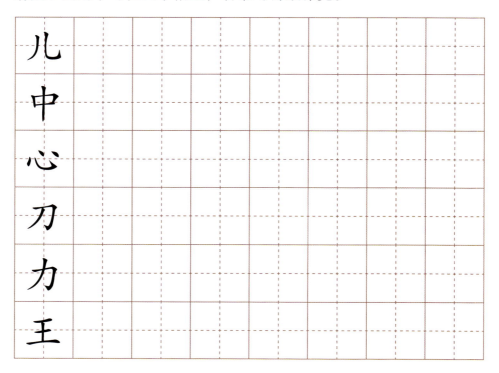

第十课 打车去很方便
Lesson 10　It's convenient to take a taxi

常用表达　Common Expressions

Qù guǎngchǎng zěnme zǒu?
1. 去 广场 怎么走？　　　　　　　　How can I go to the square?

Wǒmen zuò jǐ lù chē?
2. 我们 坐 几路车？　　　　　　　　Which bus do we need to take?

Wǎng qián zǒu, zài wǎng yòu guǎi.
3. 往 前走，再往 右 拐。　　　　　　Walk along the road and turn right.

Yìzhí zǒu, guò liǎng ge lùkǒu jiù dào le.
4. 一直走，过 两 个路口就 到了。　　Go straight, you will arrive there after passing two junctions.

第十一课　今天真热啊
Lesson 11　It's really hot today

本课目标 Objectives

1. 学习温度的表达法。
2. 学习如何表达天气和季节。
3. 学习"比字句"用法。

热身 Warming-up

1. 你知道四个季节用汉语怎么说吗？说一说下面是哪个季节。

chūn
春

xià
夏

qiū
秋

dōng
冬

2. 读一读下面的度数，猜一猜可能是什么季节。

　　–2℃　　18℃　　35℃　　20℃　　13℃　　0℃

第十一课　今天真热啊
Lesson 11　It's really hot today

生　词 New words

1.	热	*adj.*	rè	hot
2.	度	*n.*	dù	degree
3.	比	*prep.*	bǐ	than
4.	杯	*n.*	bēi	cup
5.	凉茶	*n.*	liángchá	herbal tea
6.	可乐	*n.*	kělè	cola
7.	健康	*adj.*	jiànkāng	healthy
8.	春天	*n.*	chūntiān	spring
9.	风景	*n.*	fēngjǐng	landscape, scenery
10.	秋天	*n.*	qiūtiān	autumn
11.	尝	*v.*	cháng	to taste
12.	夏天	*n.*	xiàtiān	summer
13.	季节	*n.*	jìjié	season
14.	天气	*n.*	tiānqì	weather
15.	冷	*adj.*	lěng	cold
16.	更	*adv.*	gèng	more
17.	冬天	*n.*	dōngtiān	winter
18.	下雪		xià xuě	to snow
19.	打雪仗		dǎ xuězhàng	to have a snowball fight

重点句子 Important Sentences

1. *Jīntiān sānshíwǔ dù, zhēn rè a!*
   今天 35 度，真热啊！
   It's thirty five degrees today, it's really hot!

2. *Jīntiān bǐ zuótiān rè duō le.*
   今天比昨天热多了。
   It's much hotter today than yesterday.

3. *Liángchá bǐ kělè jiànkāng.*
   凉茶比可乐健康。
   Herbal tea is healthier than cola.

4. *Chūntiān de fēngjǐng bǐ qiūtiān gèng piàoliang.*
   春天的风景比秋天更漂亮。
   The scenery is more beautiful in spring than in autumn.

5. *Xuějǐng duō piàoliang a!*
   雪景多漂亮啊！
   How beautiful the snow-covered landscape is!

课文 Text

艾琳： 今天 35 度，真热啊！
Àilín: Jīntiān sānshíwǔ dù, zhēn rè a!

李南： 是啊，今天比昨天热多了。
Lǐ Nán: Shì a, jīntiān bǐ zuótiān rè duō le.

路易： 我们喝杯可乐吧？
Lùyì: Wǒmen hē bēi kělè ba?

第十一课　今天真热啊
Lesson 11　It's really hot today

李　南：还是 喝 凉茶 吧，凉茶 比 可乐 健康。
Lǐ Nán：Háishi hē liángchá ba, liángchá bǐ kělè jiànkāng.

路　易：我 没 喝 过 凉茶，可以 尝尝。
Lùyì：Wǒ méi hē guo liángchá, kěyǐ chángchang.

艾　琳：我 最 不 喜欢 夏天 了，太 热 了！
Àilín：Wǒ zuì bù xǐhuan xiàtiān le, tài rè le!

李　南：你 最 喜欢 什么 季节？
Lǐ Nán：Nǐ zuì xǐhuan shénme jìjié?

艾　琳：秋天，天气 不 冷 也 不 热，风景 也 很 漂亮。
Àilín：Qiūtiān, tiānqì bù lěng yě bú rè, fēngjǐng yě hěn piàoliang.

路　易：我 最喜欢 春天！我 觉得 春天 的 风景 比 秋天
Lùyì：Wǒ zuì xǐhuan chūntiān! Wǒ juéde chūntiān de fēngjǐng bǐ qiūtiān

　　　　更　漂亮。
　　　　gèng piàoliang.

艾　琳：李南 呢？
Àilín：Lǐ Nán ne?

李　南：我 最 喜欢 冬天！
Lǐ Nán：Wǒ zuì xǐhuan dōngtiān!

艾　琳：冬天 太 冷 了！
Àilín：Dōngtiān tài lěng le!

李　南：可是 冬天 下雪啊，雪景 多 漂亮 啊！
Lǐ Nán：Kěshì dōngtiān xià xuě a, xuějǐng duō piàoliang a!

路　易：我 也喜欢 雪，和 朋友们 一起打 雪仗 特别有意思！
Lùyì：Wǒ yě xǐhuan xuě, hé péngyoumen yìqǐ dǎ xuězhàng tèbié yǒu yìsi!

综合练习 Comprehensive Exercises

一、读一读，比一比　Read and compare

1. qùnián　　chūxiàn　　　2. shūfu　　xīfú
3. chūntiān　cún qián　　　4. zhēn rè　zhùshè
5. jìjié　　　jiějué　　　　6. lǜsè　　liù ge

二、语句扩展练习　Substitution drills

1. 今天真<u>热</u>啊！

（1）

liáng
凉

（2）

nuǎnhuo
暖和

（3）

lěng
冷

2. <u>凉茶</u>比<u>可乐</u> <u>健康</u>。

（1）

bái qúnzi　hēi qúnzi　hǎokàn
白裙子　　黑裙子　　好看

（2）

tā　wǒ　gāo
他　我　高

第十一课　今天真热啊
Lesson 11　It's really hot today

（3）

xiāngjiāo　píngguǒ　guì
香蕉　苹果　贵

（4）

zhège fángzi　nàge　dà
这个房子　那个　大

3. 今天比昨天热多了。

（1）

bàba　wǒ　gāo
爸爸　我　高

（2）

zǒu lù　kāi chē　màn
走路　开车　慢

（3）

gāotiě　qìchē　kuài
高铁　汽车　快

（4）

tángcù lǐji　　làzi jīdīng　　hǎochī
糖醋里脊　　辣子鸡丁　好吃

4. 我没喝过凉茶。

（1）

chī　　kǎoyā
吃　　烤鸭

（2）

qù　　Chángchéng
去　　长城

（3）

jiàn　　xióngmāo
见　　熊猫

（4）

hē　　báijiǔ
喝　　白酒

三、完成会话　Complete the dialogues

1. A：今天_____？

第十一课　今天真热啊
Lesson 11　It's really hot today

B：零度。

A：真_____啊！

2. A：你最喜欢_____?

B：春天，_____?

A：我最喜欢冬天。

B：冬天太_____。

A：可是冬天_____。

四、连词成句　Make sentences with the given words

1. 冷　昨天　真　啊

　_____

2. 明天　今天　还　比　热

　_____

3. 秋天　漂亮　是　最　的

　_____

4. 不　也　冷　春天　不　热

　_____

五、模仿下面这段话，进行成段表达　Make an expression by following the passage

今天35度，很热，比昨天热多了。艾琳最不喜欢夏天，她最喜欢秋天，因为秋天不冷也不热，风景很漂亮。路易最喜欢春天，他觉得春天的风景最好看。李南喜欢冬天，因为冬天的雪景很漂亮，还可以跟朋友们打雪仗。

六、说一说　Give a talk

使用本课所学的比较句，说说这儿和你家乡的不同之处。

七、写一写　Write the following characters

请把下面的字写在田字格里，看谁写得最漂亮。

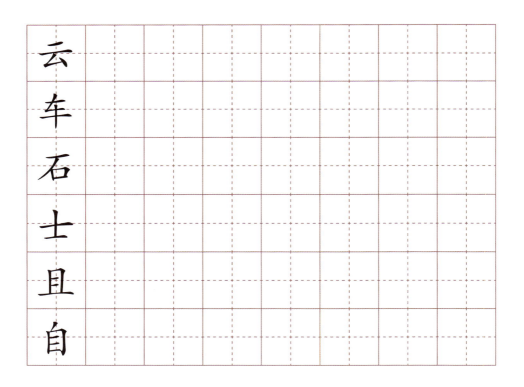

第十一课 今天真热啊
Lesson 11 It's really hot today

常用表达 Common Expressions

1. *Zhèr bǐ Běijīng lěng duō le!*
   这儿比北京冷多了!
   It is much colder here than Beijing!

2. *Míngtiān hěn lěng, qìwēn zài língxià èrshí duō dù.*
   明天很冷,气温在零下二十多度。
   It will be very cold tomorrow, the lowest temperature is more than 20°C below zero.

3. *Tiānqì yùbào shuō, míngtiān yǒu dà fēng.*
   天气预报说,明天有大风。
   The wheather forecast shows it will be windy tomorrow.

4. *Mǎshàng yào xià yǔ le, dài bǎ sǎn ba.*
   马上要下雨了,带把伞吧。
   It will rain soon, you should take an umbrella.

第十二课　你哪里不舒服

Lesson 12　What's wrong with you

▎本课目标 Objectives ▎

1. 学习描述身体状况。
2. 学习如何看医生。
3. 学习"越来越……""有点儿"等词语的用法。

▎热身 Warming-up ▎

1. 你知道这些部位用汉语怎么说吗？

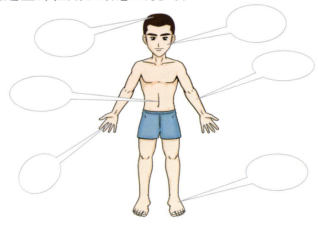

2. 说一说她怎么了，应该怎么办？

第十二课　你哪里不舒服
Lesson 12　What's wrong with you

生　词　New words

1.	哪里	*pron.*	nǎli	where
2.	舒服	*adj.*	shūfu	comfortable
3.	前天	*n.*	qiántiān	the day before yesterday
4.	嗓子	*n.*	sǎngzi	throat
5.	越来越		yuè lái yuè	more and more
6.	厉害	*adj.*	lìhai	worse, ferocious
7.	先	*adv.*	xiān	at first
8.	量	*v.*	liáng	to measure
9.	体温	*n.*	tǐwēn	temperature
10.	次	*m.*	cì	*measure word for times*
11.	片	*m.*	piàn	*measure word for tablets, pills*
12.	用	*v.*	yòng	to need
13.	打针		dǎ zhēn	to take an injection
14.	得	*v.*	děi	to have to
15.	药	*n.*	yào	medicine
16.	医生	*n.*	yīshēng	doctor
17.	头疼	*adj.*	tóuténg	headache
18.	鼻子	*n.*	bízi	nose
19.	发烧		fā shāo	to have a fever
20.	大夫	*n.*	dàifu	doctor

重点句子 Important Sentences

1. Nǐ zěnme le?
   你怎么了?
   What's wrong with you?

2. Duō cháng shíjiān le?
   多长时间了?
   How long does it last?

3. Qiántiān sǎngzi jiù yǒudiǎnr téng, xiànzài yuè lái yuè lìhai.
   前天嗓子就有点儿疼,现在越来越厉害。
   My throat has been sour since the day before yesterday and now it's getting worse.

4. Nǐ xiān liáng yíxiàr tǐwēn ba.
   你先量一下儿体温吧。
   Please take your temperature first.

5. Bú yòng dǎ zhēn, dànshì děi chī yào.
   不用打针,但是得吃药。
   You don't need to have an injection, but you have to take the pills.

6. Yì tiān chī sān cì, yí cì chī sān piàn.
   一天吃三次,一次吃三片。
   Three times a day, three pills each time.

第十二课 你哪里不舒服
Lesson 12　What's wrong with you

课　文　Text

医　生：你 怎么 了？哪里 不 舒服？
Yīshēng：Nǐ zěnme le? Nǎli bù shūfu?

艾　琳：我 头疼，嗓子 疼，鼻子 也 不 太 舒服。
Àilín：Wǒ tóuténg, sǎngzi téng, bízi yě bú tài shūfu.

医　生：多 长 时间 了？
Yīshēng：Duō cháng shíjiān le?

艾　琳：前天 嗓子 就 有点儿 疼，现在 越来越 厉害。
Àilín：Qiántiān sǎngzi jiù yǒudiǎnr téng, xiànzài yuè lái yuè lìhai.

医　生：你 先 量 一下儿 体温 吧。
Yīshēng：Nǐ xiān liáng yíxiàr tǐwēn ba.

艾　琳：好 的。
Àilín：Hǎo de.

医　生：三十八 度二，发烧 了。
Yīshēng：Sānshíbā dù èr, fā shāo le.

艾　琳：要 打针 吗？
Àilín：Yào dǎ zhēn ma?

医　生：不 用 打针，但是 得 吃药。这 种 药 一 天 吃
Yīshēng：Bú yòng dǎ zhēn, dànshì děi chī yào. Zhè zhǒng yào yì tiān chī

　　　　三 次，一 次 吃 三 片。
　　　　sān cì, yí cì chī sān piàn.

艾　琳：好 的，谢谢 大夫。
Àilín：Hǎo de, xièxie dàifu.

综合练习 Comprehensive Exercises

一、读一读，比一比　Read and compare

1. tǐwēn　　　tíwèn　　　　2. yóu yǒng　　yǒu yòng
3. yīyuàn　　yíwàn　　　　4. fā shāo　　　fàxiǎo
5. gèzi　　　guǒzi　　　　 6. kùzi　　　　kòuzi

二、语句扩展练习　Substitution drills

1. <u>你学汉语</u>多长时间了？

（1）

tā shēng bìng
她　生病（to be sick）

（2）

tā gǎnmào
她　感冒（to have a cold）

（3）

tā xué yóu yǒng
他学　游泳

（4）

tā liàn tàijíquán
她　练 太极拳

第十二课　你哪里不舒服
Lesson 12　What's wrong with you

2. <u>今天</u>有点儿<u>热</u>。

（1）

sǎngzi　　téng
嗓子　　疼

（2）

dùzi　　téng
肚子　　疼

（3）

tiānqì　　lěng
天气　　冷

（4）

zhè tiáo kùzi　　duǎn
这条裤子　　短（short）

3. <u>她感冒</u>越来越<u>厉害</u>。

（1）

tóuténg　　lìhai
头疼　　厉害

（2）

yá　　téng
牙　　疼

（3）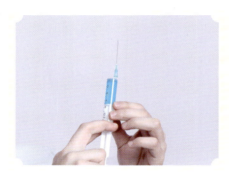

shùyè　huáng
树叶　黄

（4）

nǚ'ér　piàoliang
女儿　漂亮

4. 不用<u>吃药</u>，但是得<u>多喝水</u>。

（1）

dǎ zhēn　　　　　　chī yào
打针　　　　　　　吃药

（2）

qù yīyuàn　　　　　zài jiā xiūxi
去医院　　　　　　在家休息

第十二课 你哪里不舒服
Lesson 12 What's wrong with you

（3）

yùxí
预习

fùxí
复习

（4）

mǎi shuǐguǒ
买 水果

mǎi cài
买 菜

三、完成会话　Complete the dialogues

1. A：你_____了？哪里不舒服？

   B：我_____，_____也不太舒服。

   A：_____了？

   B：三天了。

2. A：你先_____一下儿体温吧。

   B：好的。

   A：三十八_____，你_____了。

   B：要_____吗？

   A：不用打针，但是_____。

四、连词成句　Make sentences with the given words

1. 舒服　不　哪里　你

   _____

2. 了　多　时间　长　发烧　你

   _____

3. 吧　你　量　先　体温　一下儿

   _____

4. 但是　不用　吃　打针　得　药

   _____

5. 疼　我　越来越　的　嗓子　现在

   _____

五、模仿下面这段话，进行成段表达　Make an expression by following the passage

最近艾琳身体不太好，她头疼，嗓子疼，鼻子也不太舒服。她去医院看病，大夫说她发烧了，但是不用打针，吃点儿药就好了。那种药一天吃三次，一次吃三片。医生让她多喝水，多休息。

六、说一说　Give a talk

请根据图片和提示词语说一说她/他怎么了。

最近　身体　头疼　嗓子疼　鼻子　发烧　打针　喝水　休息

七、表演　Role-play

三人一组表演：一个同学生病了，另一个同学陪他去医院看医生。

八、写一写　Write the following characters

请把下面的字写在田字格里，看谁写得最漂亮。

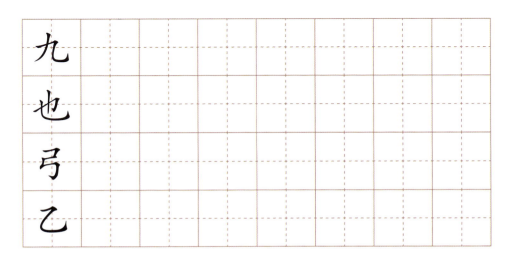

戈

耳

常用表达 Common Expressions

1. Wǒ de jiǎo niǔ le, bù néng zǒu lù.
   我的脚扭了，不能走路。
   My feet is twisted and I can't walk now.

2. Nǐ de gēbo liú xiě le.
   你的胳膊流血了。
   Your arms are bleeding.

3. Wǒ de péngyou zhù yuàn le, wǒ qù kàn tā.
   我的朋友住院了，我去看他。
   My friend is in hospital, I went to see him.

4. Wǒ de dùzi hěn téng, yǐjīng sān ge xiǎoshí le.
   我的肚子很疼，已经三个小时了。
   I have stomachache and it has been lasting for three hours.

第十三课　你习惯中国的生活了吗
Lesson 13　Are you used to Chinese lifestyle

本课目标 Objectives

1. 学习描述自己的习惯。
2. 学习描述过程。

热身 Warming-up

1. 说一说你的一个习惯。

2. 你来中国以后有哪些不习惯的事？

生 词 New words

1.	习惯	v.	xíguàn	to be used to
2.	生活	n.	shēnghuó	life
3.	转眼	v.	zhuǎnyǎn	in blink of an eye
4.	半	num.	bàn	half
5.	过去	v.	guòqu	to pass by
6.	比如	v.	bǐrú	for example
7.	起	v.	qǐ	to get up
8.	怕	v.	pà	to be afraid
9.	外面	n.	wàimiàn	outside
10.	说话		shuō huà	to speak, to talk
11.	发音	n.	fāyīn	pronunciation
12.	一样	adj.	yíyàng	same
13.	慢慢儿	adv.	mànmānr	gradually, slowly
14.	差不多	adv.	chàbuduō	almost
15.	刚	adv.	gāng	just
16.	适应	v.	shìyìng	to adapt
17.	为什么		wèi shénme	why
18.	听不惯		tīng bu guàn	not used to listening

第十三课　你习惯中国的生活了吗
Lesson 13　Are you used to Chinese lifestyle

重点句子 Important Sentences

1. Nǐ lái Zhōngguó kuài sān ge xīngqī le ba?
   你来中国快三个星期了吧?
   You have been in China for nearly three weeks, haven't you?

2. Yì zhuǎnyǎn, bàn ge duō yuè jiù guòqu le.
   一转眼，半个多月就过去了。
   More than half a month passed in blink of an eye.

3. Bǐrú wǒ xiànzài yě qǐ de hěn zǎo le.
   比如我现在也起得很早了。
   For instance, I also get up very early now.

4. Wǒ zuì pà gēn xuéxiào wàimiàn de rén shuō huà.
   我最怕跟学校外面的人说话。
   Talking to people who are outside school is my greatest fear.

5. Tāmen de fāyīn gēn lǎoshī de bù yíyàng.
   他们的发音跟老师的不一样。
   Their pronunciation is different from the teacher's.

6. Mànmānr jiù xíguàn le.
   慢慢儿就习惯了。
   Gradually you will accustom to it.

课 文 Text

李 南: 路易,你来中国快三个星期了吧?
Lǐ Nán: Lùyì, nǐ lái Zhōngguó kuài sān ge xīngqī le ba?

路 易: 是啊。一转眼,半个多月就过去了。
Lùyì: Shì a. Yì zhuǎnyǎn, bàn ge duō yuè jiù guòqu le.

李 南: 中国的生活你都习惯了吧?
Lǐ Nán: Zhōngguó de shēnghuó nǐ dōu xíguàn le ba?

路 易: 差不多都习惯了。比如我现在也起得很早了。
Lùyì: Chàbuduō dōu xíguàn le. Bǐrú wǒ xiànzài yě qǐ de hěn zǎo le.

李 南: 是啊,我们每天八点就上课,很多留学生
Lǐ Nán: Shì a, wǒmen měi tiān bā diǎn jiù shàng kè, hěn duō liúxuéshēng

刚来的时候都不适应。
gāng lái de shíhou dōu bú shìyìng.

路 易: 我最怕跟学校外面的人说话。
Lùyì: Wǒ zuì pà gēn xuéxiào wàimiàn de rén shuō huà.

李 南: 为什么?
Lǐ Nán: Wèi shénme?

路 易: 他们的发音跟老师的不一样,我听不惯。
Lùyì: Tāmen de fāyīn gēn lǎoshī de bù yíyàng, wǒ tīng bu guàn.

李 南: 慢慢儿就习惯了。
Lǐ Nán: Mànmānr jiù xíguàn le.

第十三课 你习惯中国的生活了吗
Lesson 13　Are you used to Chinese lifestyle

综合练习　Comprehensive Exercises

一、读一读，比一比　Read and compare

1. shēnghuó　　shénhuà
2. xíguàn　　shíkuàng
3. shuō huà　　xuěhuār
4. fāyīn　　fǎnyìng
5. chéngjì　　chénjì
6. zìjǐ　　zhījǐ

二、语句扩展练习　Substitution drills

1. <u>学游泳</u>快<u>一个月</u>了。

（1）

lái Zhōngguó　　yí ge xuéqī
来　中国　　　　一个学期

（2）

xué Hànyǔ　　sān ge xīngqī
学　汉语　　　三个星期

（3）

rènshi tā　　wǔ ge yuè
认识她　　　五个月

（4）

jié hūn　　liǎng nián
结婚　　　两年

141

2. 一转眼，<u>一年</u>就过去了。

bàn nián
半 年

yí ge xuéqī
一个学期

liǎng ge yuè
两 个 月

sān nián
三 年

3. 我最怕<u>生病</u>。

（1）

chī yào
吃药

（2）

kǎo shì
考 试

（3）

dǎ zhēn
打 针

（4）

yí ge rén zài jiā
一个人在家

第十三课 你习惯中国的生活了吗
Lesson 13　Are you used to Chinese lifestyle

4. <u>中国人的生活习惯</u>跟<u>我们的</u>不一样。

（1）

tā de fāyīn
他的发音

lǎoshī de
老师的

（2）

nǐ de àihào
你的爱好

wǒ de
我的

（3）

běifāng de dōngtiān
北方 的 冬天

nánfāng de
南方 的

（4）

xiànzài de shēnghuó
现在 的 生活

yǐqián
以前

三、根据图片与提示进行对话练习　Make dialogues according to the given words and pictures

1. 你习惯……了吗?
   快……了。
   一转眼……。
   差不多
   比如……。

2. 我最怕……。
   适应　　V.不惯　　慢慢儿

第十三课　你习惯中国的生活了吗
Lesson 13　Are you used to Chinese lifestyle

四、连词成句　Make sentences with the given words

1. 了　我　差不多　习惯　都

   _____

2. 说话　我　跟　最怕　学校外面　的　人

   _____

3. 就　你　慢慢儿　了　习惯

   _____

4. 不一样　他们　跟　的　老师　发音　的

   _____

5. 了　我　也　现在　很早　起得

   _____

五、模仿下面这段话，进行成段表达　Make an expression by following the passage

　　路易来中国已经快三个星期了，中国的生活他差不多已经习惯了，比如他现在也可以起得很早了。但是他也有不习惯的地方，他最怕和学校外面的人说话，因为他们的发音跟老师的不一样，他听不惯。李南让他别着急，慢慢儿就会习惯的。

六、说一说　Give a talk

1. 说一说你的生活习惯。

2. 你们国家的生活习惯和中国的有哪些不一样？

七、写一写　Write the following characters

请把下面的字写在田字格里，看谁写得最漂亮。

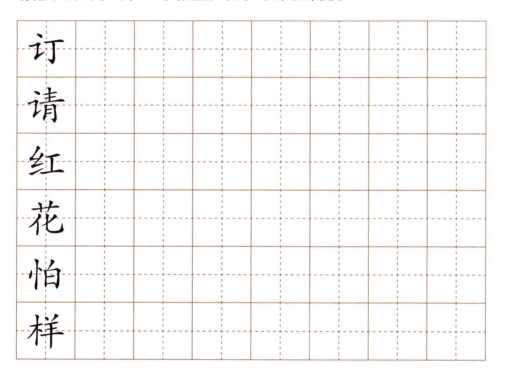

常用表达　Common Expressions

Nǐ zhōumò zěnme guò?
1. 你 周末 怎么 过？　　　　　What will you do this weekend?

第十三课　你习惯中国的生活了吗
Lesson 13　Are you used to Chinese lifestyle

   Nǐ xué le duō cháng shíjiān Hànyǔ?
2. 你学了多长时间汉语？　　　　　　How long have you learned Chinese?

   Zuótiān wǎnshang wǒ kāi yèchē le.
3. 昨天晚上我开夜车了。　　　　　　I worked a whole night last night.

   Zhōumò wǒ xǐhuan shuì lǎnjiào.
4. 周末我喜欢睡懒觉。　　　　　　　I always lie in on weekends.

   Rùxiāng-suísú.
5. 入乡随俗。　　　　　　　　　　　Do in Rome as Rome does.

第十四课　你有什么打算

Lesson 14　What's your plan

本课目标 Objectives

1. 学习描述一个地方。
2. 学习如何陈述你的打算。

热身 Warming-up

1. 你去过下面这些地方吗？说一说你去过中国哪些地方。

Běijīng
北京

Shànghǎi
上海

Xī'ān
西安

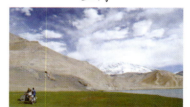

Xīnjiāng
新疆

2. 你知道下面的词语用汉语怎么说吗？

SUMMER VACATION

WINTER VACATION

第十四课　你有什么打算
Lesson 14　What's your plan

生　词 New words

1.	打算	v. / n.	dǎsuàn	to plan; plan
2.	放（假）	v.	fàng (jià)	to have a holiday
3.	暑假	n.	shǔjià	summer vacation
4.	旅行	v.	lǚxíng	to have a trip
5.	介绍	v.	jièshào	to introduce
6.	高铁	n.	gāotiě	high-speed train
7.	家乡	n.	jiāxiāng	hometown
8.	旅游	v.	lǚyóu	to travel
9.	景点	n.	jǐngdiǎn	sightseeing spot
10.	海边	n.	hǎibiān	seaside
11.	风景	n.	fēngjǐng	landscape
12.	极	adv.	jí	extremely
13.	特产	n.	tèchǎn	special local product
14.	海鲜	n.	hǎixiān	seafood
15.	火车	n.	huǒchē	train
16.	票	n.	piào	ticket

专名　Proper Noun

青岛	Qīngdǎo	Tsingtao (a city of Shandong Province)

重点句子 Important Sentences

1. Kuài fàng shǔjià le.
   快 放 暑假了。
   The summer vacation is coming.

2. Wǒ dǎsuàn qù Qīngdǎo lǚxíng.
   我 打算去 青岛 旅行。
   I'm going to travel to Tsingtao.

3. Nǐ qù guo Qīngdǎo ma?
   你去过 青岛 吗?
   Have you been to Tsingtao?

4. Wǒ kěyǐ gěi nǐ jièshào yíxiàr.
   我可以给你介绍一下儿。
   I can make an introduction for you.

5. Gāotiě liǎng ge duō xiǎoshí jiù néng dào.
   高铁 两 个多 小时 就 能 到。
   It takes only more than two hours to take high-speed train there.

课 文 Text

李 南: 路易,快 放 暑假了,你有 什么 打算?
Lǐ Nán: Lùyì, kuài fàng shǔjià le, nǐ yǒu shénme dǎsuàn?

路 易: 我 打算去 青岛 旅行。你去过 青岛 吗?
Lùyì: Wǒ dǎsuàn qù Qīngdǎo lǚxíng. Nǐ qù guo Qīngdǎo ma?

第十四课　你有什么打算
Lesson 14　What's your plan

李　南：青岛 是我的 家乡，我可以给你介绍一下儿。
Lǐ Nán：Qīngdǎo shì wǒ de jiāxiāng, wǒ kěyǐ gěi nǐ jièshào yíxiàr.

路　易：太好了！那里怎么样？
Lùyì：Tài hǎo le! Nàli zěnmeyàng?

李　南：有 很多旅游 景点，特别是 海边的 风景，
Lǐ Nán：Yǒu hěn duō lǚyóu jǐngdiǎn, tèbié shì hǎibiān de fēngjǐng,

　　　　漂亮 极了！
　　　　piàoliang jí le!

路　易：那里 有 什么 特产 吗？
Lùyì：Nàli yǒu shénme tèchǎn ma?

李　南：海鲜 和 青岛 啤酒 最 有名。
Lǐ Nán：Hǎixiān hé Qīngdǎo píjiǔ zuì yǒumíng.

路　易：怎么 去最 方便？
Lùyì：Zěnme qù zuì fāngbiàn?

李　南：最好 坐 火车去，高铁 两个多 小时 就 能 到，
Lǐ Nán：Zuìhǎo zuò huǒchē qù, gāotiě liǎng ge duō xiǎoshí jiù néng dào,

　　　　车票 也不太贵。
　　　　chēpiào yě bú tài guì.

路　易：谢谢 你。
Lùyì：Xièxie nǐ.

综合练习 Comprehensive Exercises

一、读一读，比一比　Read and compare

1. shǔjià　　shúxī
2. jiāxiāng　　jiànkāng
3. jǐngdiǎn　　zhěngtiān
4. hǎixiān　　hǎixuǎn
5. nánguò　　nánguā
6. lǚxíng　　liúxíng

二、语句扩展练习　Substitution drills

1. 快<u>回国</u>了。

（1）

kāi xué
开 学

（2）

shàng kè
上 课

（3）

chídào
迟到

（4）

xià yǔ
下雨

第十四课　你有什么打算
Lesson 14　What's your plan

2. 我打算<u>去饭馆儿</u> <u>吃烤鸭</u>。

（1）

qù Běijīng　　lǚxíng
去 北京　　旅 行

（2）

qù Sìchuān　　chī huǒguō
去 四川　　吃 火锅

（3）

qù chāoshì　　mǎi shūcài
去 超市　　买 蔬菜（vegetable）

（4）

qù túshūguǎn　　huán shū
去 图书馆　　还 书

3. <u>我喜欢唱歌</u>，特别是<u>中文歌</u>。

（1）

Qīngdǎo fēicháng piàoliang
青岛 非常 漂亮

hǎibiān de fēngjǐng
海边 的 风景

（2）

wǒ xǐhuan chī shuǐguǒ
我喜欢 吃 水果

chéngzi
橙子

（3）

tā xǐhuan xué Hànyǔ
他喜欢 学 汉语

kǒuyǔ
口语

（4）

Zhōngguócài hěn hǎochī
中国菜 很 好吃

jīngjiàng ròusī
京酱 肉丝

第十四课 你有什么打算
Lesson 14 What's your plan

4. <u>厉害</u>极了。

（1）
piàoliang
漂亮

（2）
gāoxìng
高兴

（3）
shūfu
舒服

（4）
nánguò
难过

三、根据图片与提示进行对话练习　Make dialogues according to the given words and pictures

1. 请根据图片说一说你的打算。

快……了　打算　特别是　特产　有名　高铁　方便

Xī'ān Bīngmǎyǒng
西安 兵马俑

yángròu pàomó
羊肉 泡馍

Sìchuān Jiǔzhàigōu
四川 九寨沟

xiǎochī
小吃

sīchóu
丝绸

Sūzhōu yuánlín
苏州 园林

2. 说一说你去旅游的故事。

家乡　海边　风景　景点　旅游　海鲜　啤酒　高铁　车票

第十四课 你有什么打算
Lesson 14　What's your plan

四、连词成句　Make sentences with the given words

1. 我　家乡　一下儿　我的　介绍

2. 方便　怎么　去　最

3. 海边　了　漂亮　的　风景　极

4. 有名　海鲜　青岛　最　啤酒　和

5. 一下儿　我　介绍　可以　你　给

五、模仿下面这段话，进行成段表达　Make an expression by following the passage

今年暑假路易打算去青岛旅行。青岛是李南的家乡，那里有很多旅游景点，特别是海边的风景，非常漂亮。青岛最有名的特产是海鲜和青岛啤酒。路易打算坐高铁去，高铁两个多小时就能到，车票也不太贵。

六、说一说　Give a talk

1. 请向朋友介绍一下儿你家乡的风景、天气、特产等等。

2. 了解一下儿周围同学假期的打算。

七、写一写　Write the following characters

请把下面的字写在田字格里，看谁写得最漂亮。

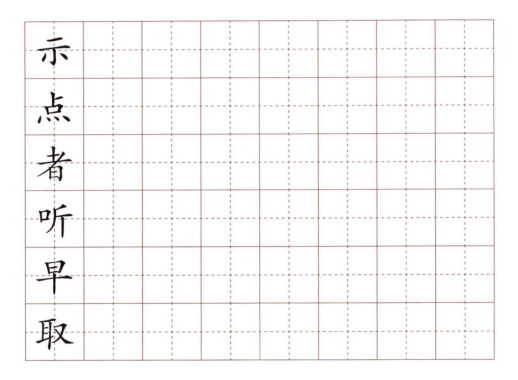

第十四课　你有什么打算
Lesson 14　What's your plan

常用表达 Common Expressions

1. Hái yǒu qù Běijīng de huǒchēpiào ma?
   还有去北京的火车票吗？　　Are there any train ticket to Beijing?

2. Wǒ mǎi yì zhāng G36 cì de huǒchēpiào.
   我买一张 G36 次的火车票。　　I want to buy a train ticket G36.

3. Qù jīchǎng xūyào duō cháng shíjiān?
   去机场需要多长时间？　　How long does it take to the airport?

4. Fēijī kuài yào qǐfēi le!
   飞机快要起飞了！　　The airplane will take off soon.

5. Yílù píng'ān!
   一路平安！　　Have a good trip!

第十五课　明天几点出发
Lesson 15　What time shall we start tomorrow

本课目标 Objectives

1. 学习安排计划。
2. 学习描述行程。
3. 学习提建议的方法。

热身 Warming-up

1. 说一说他们在做什么。

2. 你有旅行的打算吗？

第十五课　明天几点出发
Lesson 15　What time shall we start tomorrow

生　词　New words

1.	出发	v.	chūfā	to start off, to depart
2.	起不来		qǐ bu lái	can't get up
3.	千万	adv.	qiānwàn	must
4.	爬山		pá shān	to climb mountain
5.	索道	n.	suǒdào	ropeway, cableway
6.	上去		shàng qu	to go up; upward
7.	如果	conj.	rúguǒ	if
8.	休息	v.	xiūxi	to have a rest
9.	路上	n.	lùshang	on the road
10.	大厅	n.	dàtīng	hall
11.	集合	v.	jíhé	to gather
12.	上	v.	shàng	to set
13.	闹钟	n.	nàozhōng	alarm clock

专名　Proper Noun

泰山	Tài Shān	Mountain Tai

重点句子 Important Sentences

1. Míngtiān jǐ diǎn chūfā?
   明天 几点 出发?
   What time shall we start tomorrow?

2. Wǒ zhēn pà qǐ bu lái.
   我 真 怕 起不来。
   I'm afraid I can't wake up so early.

3. Qiānwàn bié chídào.
   千万 别 迟到。
   Do not be late.

4. Nǐ xiǎng pá shān shàng qu háishi zuò suǒdào shàng qu?
   你想 爬山 上去还是坐 索道 上 去?
   Do you want to climb the mountain or go up by cable car?

5. Kěyǐ yìbiān pá shān yìbiān kàn fēngjǐng.
   可以一边 爬山 一边 看 风景。
   You may enjoy the scenery while climbing the mountain.

6. Rúguǒ nǐ xiǎng pá shān, jīntiān děi zǎodiǎnr xiūxī.
   如果你 想 爬山,今天 得早点儿休息。
   You should go to bed early today if you want to climb the mountain.

第十五课 明天几点出发
Lesson 15 What time shall we start tomorrow

课　文 Text

艾　琳：路易，你去哪儿？
　　　　Àilín: Lùyì, nǐ qù nǎr?

路　易：我去超市买点儿吃的，明天去泰山的时候路上吃。
　　　　Lùyì: Wǒ qù chāoshì mǎi diǎnr chī de, míngtiān qù Tài Shān de shíhou lùshang chī.

艾　琳：几点出发？
　　　　Àilín: Jǐ diǎn chūfā?

路　易：六点半出发，六点一刻在大厅集合。
　　　　Lùyì: Liù diǎn bàn chūfā, liù diǎn yíkè zài dàtīng jíhé.

艾　琳：这么早就走，我真怕起不来。
　　　　Àilín: Zhème zǎo jiù zǒu, wǒ zhēn pà qǐ bu lái.

路　易：你最好上好闹钟，千万别迟到。
　　　　Lùyì: Nǐ zuìhǎo shàng hǎo nàozhōng, qiānwàn bié chídào.

艾　琳：你想爬山上去还是坐索道上去？
　　　　Àilín: Nǐ xiǎng pá shān shàng qu háishi zuò suǒdào shàng qu?

路　易：我想爬上去，可以一边爬山一边看风景。
　　　　Lùyì: Wǒ xiǎng pá shàng qu, kěyǐ yìbiān pá shān yìbiān kàn fēngjǐng.

艾　琳：如果你想爬山，今天得早点儿休息。
　　　　Àilín: Rúguǒ nǐ xiǎng pá shān, jīntiān děi zǎodiǎnr xiūxi.

路　易：没问题。明天早上见。
　　　　Lùyì: Méi wèntí. Míngtiān zǎoshang jiàn.

综合练习 Comprehensive Exercises

一、读一读，比一比　Read and compare

1. dàtīng　　dǎtīng　　　　2. chūfā　　shíbā
3. nàozhōng　luò kōng　　　4. qiānwàn　qiāngzhàn
5. shuāidǎo　sàipǎo　　　　6. jīngjù　　jīngjì

二、语句扩展练习　Substitution drills

1. 千万别<u>玩儿游戏</u>。

（1）

chídào
迟到（to late）

（2）

shēngqì
生气（to angry）

（3）

jǐnzhāng
紧张（nervous）

（4）

nánguò
难过（sad）

第十五课 明天几点出发
Lesson 15 What time shall we start tomorrow

2. 你想<u>喝咖啡</u>还是<u>喝茶</u>?

（1）

pá shān shàng qu
爬山 上 去

zuò lǎnchē shàng qu
坐 缆车 上 去

（2）

chī mǐfàn
吃 米饭

chī miànbāo
吃 面包

（3）

kàn jīngjù
看 京剧

kàn diànyǐng
看 电影

165

（4）

chàng gē
唱 歌

tiào wǔ
跳 舞

3. 你可以一边<u>吃饭</u>一边<u>听歌儿</u>。

（1）

pá shān　　kàn fēngjǐng
爬山　　看 风景（landscape）

（2）

chī fàn　　liáo tiānr
吃饭　　聊天儿（to have a chat）

（3）

kàn shū　　tīng yīnyuè
看 书　　听 音乐

（4）

sàn bù　　　　　　liáo tiānr
散步（to go for a walk）聊天儿

第十五课　明天几点出发
Lesson 15　What time shall we start tomorrow

4. 如果你<u>想去旅行</u>，得早点儿<u>打算</u>。

（1）

xiǎng pá shān　　　xiūxi
想 爬 山　　　休息

（2）

xiǎng qù wánr　　chūfā
想 去 玩儿　　出发

（3）

xiǎng zuò huǒchē　　mǎi piào
想 坐 火车　　买 票

（4）

xǐhuan tā　　gàosu tā
喜欢 她　　告诉 她

三、根据图片与提示进行对话练习　Make dialogues according to the given words and pictures

1. 太早了！

这么早……　　我真怕……　　最好……　　千万别……
起不来　　　　迟到　　　　　早点儿　　　休息

6 : 45

7 : 10

167

2. 你想……还是……?
   几点　没问题

第十五课　明天几点出发
Lesson 15　What time shall we start tomorrow

3. 我们去……吧。

几点　见　出发　集合　起不来　闹钟　爬山　看风景　逛街

四、连词成句　Make sentences with the given words

1. 闹钟　你　上　最好　好

_____

2. 吃的　我　买　去　超市　点儿

_____

3. 大厅　六点一刻　集合　在

_____

4. 上去　你　还是　坐　想　索道　爬山上去

_____

5. 一边　我　可以　一边　看　爬山　风景

_____

五、模仿下面这段话，进行成段表达　Make an expression by following the passage

　　路易想去超市买吃的，他想明天去泰山的时候路上吃。他们打算明天早上六点半出发，六点一刻在大厅集合。艾琳很怕起不来。路易让她上好闹钟，千万别迟到。路易不想坐索道，他想一边爬山一边看风景。艾琳觉得如果爬山上去，今天得早点儿休息。

六、说一说　Give a talk

　　分组讨论本地最好玩儿的地方，并把这个地方推荐给其他同学。

七、写一写　Write the following characters

　　请把下面的字写在田字格里，看谁写得最漂亮。

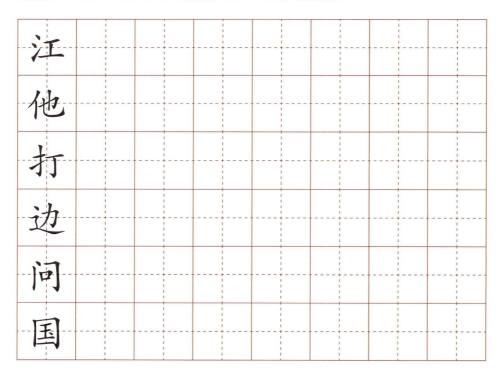

第十五课 明天几点出发
Lesson 15 What time shall we start tomorrow

常用表达 Common Expressions

1. Zhōngyú dào shāndǐng le.
   终于 到 山顶 了。
   Finally we are at the top of the mountain.

2. Wǒ xiǎng qǐng ge dǎoyóu.
   我 想 请 个 导游。
   I want to have a tourist guide.

3. Xíngli dōu shōushi hǎo le ma?
   行李 都 收拾 好了吗?
   Have you packed everything?

4. Shǔjià wǒ nǎr yě méi qù.
   暑假 我 哪儿 也 没 去。
   I didn't go anywhere this summer vacation.

5. Nǎr kěyǐ huàn rénmínbì?
   哪儿 可以 换 人民币?
   Where can I change my money into RMB?

第十六课　中国的生活真是挺有意思的
Lesson 16　My life in China is really interesting

本课目标 Objectives

1. 学习描述自己的生活。
2. 学习描述过程。

热身 Warming-up

1. 说一说你在中国遇到的印象深刻的一件事。

2. 你觉得回国带什么礼物比较好？

第十六课　中国的生活真是挺有意思的
Lesson 16　My life in China is really interesting

生　词 New words

1. 回	v.	huí		to go back
2. 舍不得	v.	shěbude		to hate to part with or use
3. 一定	adv.	yídìng		surely, certainly
4. 想念	v.	xiǎngniàn		to miss
5. 小笼包	n.	xiǎolóngbāo		small steamed bun
6. 健身	v.	jiànshēn		body-building
7. 交	v.	jiāo		to make (friends)
8. 网	n.	wǎng		internet
9. 该	v.	gāi		should
10. 发现	v.	fāxiàn		to find, to discover
11. 煎饼果子		jiānbing guǒzi		Chinese crape
12. 热闹	adj.	rènao		lively, bustling with noise and excitement
13. 中式	adj.	zhōngshì		Chinese-style
14. 礼物	n.	lǐwù		gift
15. 网购	v.	wǎnggòu		to shop online
16. 收	v.	shōu		to receive
17. 快递	n.	kuàidì		express delivery
18. 棒	adj.	bàng		wonderful, good

重点句子 Important Sentences

1. Nǐmen mǎshàng jiù yào huí guó le ba?
   你们 马上 就要回国了吧?
   Will you be back to your country soon?

2. Wǒ zhēn yǒudiǎnr shěbude ne.
   我 真 有点儿 舍不得呢。
   I'm really a little reluctant to leave you.

3. Wǒ yídìng huì xiǎngniàn jiānbing guǒzi、xiǎolóngbāo de.
   我一定会 想念 煎饼果子、小笼包 的。
   I will miss Chinese crape and steam buns very much!

4. Yǒude zài gōngyuán tiào, yǒude zài guǎngchǎng tiào.
   有的在 公园 跳,有的在 广场 跳。
   Some are dancing in the park, some are dancing in the square.

5. Yòu néng jiànshēn, yòu néng jiāo péngyou.
   又 能 健身,又 能 交 朋友。
   It is good for keeping fit and making friends.

6. Wǎngshang shénme dōngxī dōu yǒu.
   网上 什么 东西 都 有。
   You can buy everything online.

第十六课 中国的生活真是挺有意思的
Lesson 16 My life in China is really interesting

课文 Text

（在咖啡厅 In the café）

李 南： 你们 马上 就要 回国 了吧？
Lǐ Nán: Nǐmen mǎshàng jiù yào huí guó le ba?

路 易： 是 啊。时间 过得 太 快了，一 转眼，就该 回国 了。
Lùyì: Shì a. Shíjiān guòde tài kuài le, yì zhuǎnyǎn, jiù gāi huí guó le.

艾 琳： 说 真 的，我 真 有点儿 舍不得 呢。中国 的
Àilín: Shuō zhēn de, wǒ zhēn yǒudiǎnr shěbude ne. Zhōngguó de

生活 真 是 挺 有意思 的！
shēnghuó zhēn shì tǐng yǒu yìsi de!

李 南： 你们 发现 什么 有意思 的 事 了？
Lǐ Nán: Nǐmen fāxiàn shénme yǒu yìsi de shì le?

路 易： 我 发现 好吃 的 东西 太 多 了！回国 以后 我 一定
Lùyì: Wǒ fāxiàn hǎochī de dōngxi tài duō le! Huí guó yǐhòu wǒ yídìng

会 想念 煎饼 果子、小笼包 的。
huì xiǎngniàn jiānbing guǒzi、xiǎolóngbāo de.

艾 琳： 我 发现 很 多 中国人 喜欢 在 外面 跳舞，有
Àilín: Wǒ fāxiàn hěn duō Zhōngguórén xǐhuan zài wàimian tiào wǔ, yǒu

的 在 公园 跳，有的 在 广场 跳，好多 人
de zài gōngyuán tiào, yǒude zài guǎngchǎng tiào, hǎoduō rén

一起 跳，非常 热闹！
yìqǐ tiào, fēicháng rènao!

李　南：是啊，跳　广场舞　又　能　健身，又　能　交
Lǐ Nán: Shì a, tiào guǎngchǎngwǔ yòu néng jiànshēn, yòu néng jiāo

　　　　朋友。你们 会 跳 吗？
　　　　péngyou. Nǐmen huì tiào ma?

艾　琳：我可不会！我 喜欢 他们　穿　的 中式 衣服，你们
Àilín: Wǒ kě bú huì! Wǒ xǐhuan tāmen chuān de zhōngshì yīfu, nǐmen

　　　　知道 去哪儿买 吗？
　　　　zhīdao qù nǎr mǎi ma?

路　易：网上　啊！我　想　给家人买 礼物，李南 教我
Lùyì: Wǎngshang a! Wǒ xiǎng gěi jiārén mǎi lǐwù, Lǐ Nán jiāo wǒ

　　　　网购，　网上　什么 东西都 有，所以我 每 天
　　　　wǎnggòu, wǎngshang shénme dōngxi dōu yǒu, suǒyǐ wǒ měi tiān

　　　　都 收 很 多 快递。
　　　　dōu shōu hěn duō kuàidì.

艾　琳：太 棒 了！李南 也 教教 我 吧。
Àilín: Tài bàng le! Lǐ Nán yě jiāojiao wǒ ba.

李　南：没 问题！
Lǐ Nán: Méi wèntí!

第十六课　中国的生活真是挺有意思的
Lesson 16　My life in China is really interesting

综合练习 Comprehensive Exercises

一、读一读，比一比　Read and compare

1. xuéqī　　xuéxí
2. fāxiàn　　diànshàn
3. shěde　　rènao
4. zhōngshì　　zǒngshì
5. wǎnggòu　　guǎnggào
6. jiēshòu　　jièshào

二、语句扩展练习　Substitution drills

1. 我一定会<u>再来中国</u>的。

（1）

xiǎngniàn　　wǒ de péngyou
想念（to miss）我的朋友

（2）

jiānchí duànliàn
坚持 锻炼（to take exercise）

（3）

jiānchí xuéxí Hànyǔ
坚持学习汉语

（4）

chéngwéi yì míng yīshēng
成为一名 医生

177

2. 他们有的<u>想去爬山</u>,有的<u>想去公园</u>。

(1)

xǐhuan yóu yǒng
喜欢 游泳

xǐhuan dǎ qiú
喜欢 打球

(2)

xiǎng chī cǎoméi
想 吃 草莓

xiǎng chī xiāngjiāo
想 吃 香蕉

(3)

qù Shànghǎi
去 上海

qù Xī'ān
去 西安

第十六课 中国的生活真是挺有意思的
Lesson 16 My life in China is really interesting

（4）

chuān qúnzi
穿 裙子

chuān niúzǎikù
穿 牛仔裤

3. 他又会说汉语又会说英语。

（1）

tā　　xué Hànyǔ
他　　学 汉语

xué jīngjù
学 京剧

（2）

tā　　xǐhuan kànshū
她　　喜欢 看书

xǐhuan shàng wǎng
喜欢 上 网

179

（3）

píngguǒ　　dà　　　　　　　tián
苹果　　　大　　　　　　　甜

（4）

tā　　piàoliang　　　　　cōngming
她　　漂亮　　　　　　　聪明

4. <u>她包里</u>什么东西都有。

（1） 　　（2）

chāoshì li　　　　　　　　shāngchǎng li
超市里　　　　　　　　　商场里

第十六课 中国的生活真是挺有意思的
Lesson 16 My life in China is really interesting

（3）

jiā li
家里

（4）

bīngxiāng li
冰箱里

三、根据图片与提示进行对话练习 Make a dialogue according to the given words and pictures

1. 你喜欢网购吗？你会不会网购？

网购　什么……都有

快递　包装　又……又……

181

2. 你觉得什么是有意思的事？谈谈你喜欢做什么。

参加聚会　旅游　上网　健身　逛街

四、连词成句　Make sentences with the given words

1. 了　一转眼　回　该　就　国

_____

2. 有　东西　什么　都　网上

_____

3. 吧　你们　就　马上　要　了　回国

_____

4. 跳舞　我　很多　发现　喜欢　中国人　外面　去

_____

第十六课　中国的生活真是挺有意思的
Lesson 16　My life in China is really interesting

5. 快递　我　都　每天　收　所以　很多

_____

五、模仿下面这段话，进行成段表达　Make an expression by following the passage

　　时间过得真快，一转眼路易和艾琳就要回国了。中国的生活真是挺有意思的，他们都很舍不得。中国好吃的东西太多了，回国后路易一定会想念煎饼果子和小笼包的。他们发现很多中国人喜欢去公园和广场跳舞，很多人一起跳，非常热闹！艾琳想在网上买他们穿的中式衣服。网上什么东西都有，他们都学会了网购，每天都收很多快递。

六、说一说　Give a talk

1. 你们回国前打算给家人、朋友买什么礼物？去哪儿买？
2. 你们觉得去广场跳舞怎么样？你想学广场舞吗？

七、写一写　Write the following characters

　　请把下面的字写在田字格里，看谁写得最漂亮。

想
现
跳

热
场
服

常用表达 Common Expressions

Wǒ nǎr dōu xiǎng qù.
1. 我哪儿都想去。　　　　　　I want to go everywhere.

Huānyíng lái wǒmen guójiā lǚxíng.
2. 欢迎来我们国家旅行。　　　Welcome to our country.

Kěyǐ zài wǎngshang yùdìng jiǔdiàn.
3. 可以在网上预订酒店。　　　Reservations can be made online.

Wǒ kěyǐ jì kuàidì gěi nǐ.
4. 我可以寄快递给你。　　　　I can express it to you.

Xīwàng míngnián néng zài jiàn dào nǐ!
5. 希望明年能再见到你!　　　Look forward to seeing you again next year.

词汇总表
Vocabulary Index

A

爱好	n.	àihào	7

B

吧	part.	ba	4
爸爸	n.	bàba	9
白色	n.	báisè	5
半	num.	bàn	13
棒	adj.	bàng	16
杯	n.	bēi	11
鼻子	n.	bízi	12
比	prep.	bǐ	11
比如	v.	bǐrú	13
比赛	n.	bǐsài	7
博物馆	n.	bówùguǎn	10
不	adv.	bù	1
不过	conj.	búguò	7
不好意思		bù hǎoyìsi	6

C

才	adv.	cái	8
层	m.	céng	2
茶	n.	chá	4
差不多	adv.	chàbuduō	13

	长	adj.	cháng	6
	尝	v.	cháng	11
	超市	n.	chāoshì	3
	吃	v.	chī	4
	出发	v.	chūfā	15
	出租车	n.	chūzūchē	10
	穿	v.	chuān	5
	春天	n.	chūntiān	11
	次	m.	cì	12
D	打（车）	v.	dǎ (chē)	10
	打算	v. / n.	dǎsuàn	14
	打雪仗		dǎ xuězhàng	11
	打折		dǎ zhé	5
	打针		dǎ zhēn	12
	大厅	n.	dàtīng	15
	大夫	n.	dàifu	12
	的	part.	de	2
	得	part.	de	7
	得	v.	děi	12
	低	adj.	dī	5
	弟弟	n.	dìdi	9
	点	m.	diǎn	3
	点	v.	diǎn	4
	电影	n.	diànyǐng	8

词汇总表
Vocabulary Index

东西	n.	dōngxi	3
冬天	n.	dōngtiān	11
独生子	n.	dúshēngzǐ	9
度	n.	dù	11
对面	n.	duìmiàn	10
多	adj.	duō	7
多少	pron.	duōshao	3

F

发烧		fā shāo	12
发现	v.	fāxiàn	16
发音	n.	fāyīn	13
饭馆儿	n.	fànguǎnr	6
方便	adj.	fāngbiàn	10
房间	n.	fángjiān	2
放（假）	v.	fàng (jià)	14
肥	adj.	féi	5
分钟	n.	fēnzhōng	10
风景	n.	fēngjǐng	11
服务员	n.	fúwùyuán	4

G

该	v.	gāi	16
刚	adv.	gāng	13
高铁	n.	gāotiě	14
高兴	adj.	gāoxìng	1
哥哥	n.	gēge	9

	个	m.	gè	2
	更	adv.	gèng	11
	公交车	n.	gōngjiāochē	10
	狗	n.	gǒu	9
	贵	adj.	guì	5
	国	n.	guó	1
	过去	v.	guòqu	13
H	还	adv.	hái	9
	还是	adv.	háishi	10
	孩子	n.	háizi	9
	海边	n.	hǎibiān	14
	海鲜	n.	hǎixiān	14
	好	adj.	hǎo	1
	号	n.	hào	2
	号儿	n.	hàor	5
	号码	n.	hàomǎ	3
	喝	v.	hē	4
	合适	adj.	héshì	5
	很	adv.	hěn	1
	画	v.	huà	7
	画儿	n.	huàr	7
	回	v.	huí	16
	会	v.	huì	7
	火车	n.	huǒchē	14

词汇总表
Vocabulary Index

J

极	adv.	jí	14
集合	v.	jíhé	15
几	pron.	jǐ	2
季节	n.	jìjié	11
加	v.	jiā	3
家	n.	jiā	9
家乡	n.	jiāxiāng	14
煎饼果子		jiānbing guǒzi	16
健康	adj.	jiànkāng	11
健身	v.	jiànshēn	16
交	v.	jiāo	16
教	v.	jiāo	7
叫	v.	jiào	1
叫（车）	v.	jiào (chē)	10
节	m.	jié	8
姐姐	n.	jiějie	9
姐妹	n.	jiěmèi	9
介绍	v.	jièshào	14
景点	n.	jǐngdiǎn	14
就	adv.	jiù	8

K

开始	v.	kāishǐ	8
可乐	n.	kělè	11
可是	conj.	kěshì	6
可惜	adj.	kěxī	8

	课	n.	kè	3
	空儿	n.	kòngr	6
	口	m.	kǒu	9
	快递	n.	kuàidì	16
L	啦	part.	la	7
	辣	adj.	là	4
	了	part.	le	3
	冷	adj.	lěng	11
	离	v.	lí	10
	礼物	n.	lǐwù	16
	厉害	adj.	lìhai	12
	联系	v.	liánxì	3
	凉茶	n.	liángchá	11
	量	v.	liáng	12
	留学生	n.	liúxuéshēng	2
	楼	n.	lóu	2
	路上	n.	lùshang	15
	旅行	v.	lǚxíng	14
	旅游	v.	lǚyóu	14
M	吗	part.	ma	4
	麻烦	adj.	máfan	10
	买	v.	mǎi	5
	慢慢儿	adj.	mànmānr	13

词汇总表
Vocabulary Index

忙	*adj.*	máng	6
没	*v.*	méi	3
没问题		méi wèntí	7
每	*pron.*	měi	8
妹妹	*n.*	mèimei	9
门	*m.*	mén	8
门口	*n.*	ménkǒu	6
米饭	*n.*	mǐfàn	4
名字	*n.*	míngzi	1
明天	*n.*	míngtiān	3

N

哪	*pron.*	nǎ	1
哪儿	*pron.*	nǎr	2
哪里	*pron.*	nǎli	12
那么	*pron.*	nàme	9
奶奶	*n.*	nǎinai	9
闹钟	*n.*	nàozhōng	15
呢	*part.*	ne	1
能	*aux.*	néng	10
你	*pron.*	nǐ	1
牛仔裤	*n.*	niúzǎikù	5

P

爬山		pá shān	15
怕	*v.*	pà	13
片	*m.*	piàn	12

Q	票	n.	piào	14
	骑	v.	qí	10
	起	v.	qǐ	13
	起不来		qǐ bu lái	15
	千万	adv.	qiānwàn	15
	前天	n.	qiántiān	12
	钱	n.	qián	5
	请客		qǐng kè	4
	秋天	n.	qiūtiān	11
	球	n.	qiú	7
	去	v.	qù	3
R	然后	conj.	ránhòu	10
	热	adj.	rè	11
	热闹	adj.	rènao	16
	人	n.	rén	1
	认识	v.	rènshi	1
	如果	conj.	rúguǒ	15
S	嗓子	n.	sǎngzi	12
	扫	v.	sǎo	3
	宿舍	n.	sùshè	2
	上	v.	shàng	15
	上去		shàng qu	15
	舍不得	v.	shěbude	16

词汇总表
Vocabulary Index

谁	*pron.*	shéi	9
什么	*pron.*	shénme	1
生活	*n.*	shēnghuó	13
时间	*n.*	shíjiān	6
食堂	*n.*	shítáng	2
试	*v.*	shì	5
是	*v.*	shì	1
适应	*v.*	shìyìng	13
收	*v.*	shōu	16
手机	*n.*	shǒujī	3
售货员	*n.*	shòuhuòyuán	5
瘦	*adj.*	shòu	5
书	*n.*	shū	7
舒服	*adj.*	shūfu	12
暑假	*n.*	shǔjià	14
睡觉		shuì jiào	7
说话		shuō huà	13
所以	*conj.*	suǒyǐ	9
索道	*n.*	suǒdào	15

T

太	*adv.*	tài	3
特别	*adv.*	tèbié	9
特产	*n.*	tèchǎn	14
踢	*v.*	tī	7
体温	*n.*	tǐwēn	12

天气	n.		tiānqì	11
甜	adj.		tián	4
条	m.		tiáo	5
听不惯			tīng bu guàn	13
挺	adv.		tǐng	6
头疼	adj.		tóuténg	12

W

外面	n.		wàimiàn	13
晚	adj.		wǎn	8
晚饭	n.		wǎnfàn	6
晚上	n.		wǎnshang	6
碗	n.		wǎn	4
网	n.		wǎng	16
网购	v.		wǎnggòu	16
微信	n.		wēixìn	3
为什么			wèi shénme	13
位	m.		wèi	9
我	pron.		wǒ	1

X

西边	n.		xībian	2
习惯	v.		xíguàn	13
喜欢	v.		xǐhuan	4
下课			xià kè	8
下雪			xià xuě	11
下午	n.		xiàwǔ	3

夏天	n.	xiàtiān	11
先	adv.	xiān	12
想	v.	xiǎng	8
想念	v.	xiǎngniàn	16
小笼包	n.	xiǎolóngbāo	16
星期	n.	xīngqī	6
行	adj.	xíng	5
兄弟	n.	xiōngdi	9
休息	v.	xiūxi	15
学期	n.	xuéqī	8

Y

药	n.	yào	12
要	v.	yào	4
爷爷	n.	yéye	9
也	adv.	yě	1
医生	n.	yīshēng	12
一定	adv.	yídìng	16
一起	adv.	yìqǐ	6
一下儿	m. (v.)	yíxiàr	3
一样	adj.	yíyàng	13
以后	n.	yǐhòu	8
用	v.	yòng	12
有	v.	yǒu	3
有点儿	adv.	yǒudiǎnr	6
有意思		yǒu yìsi	8

195

	远	adj.	yuǎn	10
	越来越		yuè lái yuè	12
Z	再	adv.	zài	4
	在	prep.	zài	2
	咱们	pron.	zánmen	3
	怎么样	pron.	zěnmeyàng	3
	展览	n.	zhǎnlǎn	10
	这	pron.	zhè	5
	真	adv.	zhēn	8
	只	m.	zhī	9
	只	adv.	zhǐ	7
	中式	adj.	zhōngshì	16
	种	m.	zhǒng	5
	周六	n.	zhōuliù	6
	住	v.	zhù	2
	专业	n.	zhuānyè	8
	转眼	v.	zhuǎnyǎn	13
	自行车	n.	zìxíngchē	10
	足球	n.	zúqiú	7
	最	adv.	zuì	5
	最近	n.	zuìjìn	6
	坐	v.	zuò	10
	做	v.	zuò	7